GANCHILLO

Diseños de moda, fáciles y rápidos

Doy las gracias a mis amigas Teresita Mascherpa, Linda y Wanda, Chiara, Daniela y Paola
A la hilatura Alessandra Filati
Al amigo Franco Boschetti
A la directora editorial Rossella Biancardi; las redactoras Nadia Dorissa, Marta Boselli,
Rosy Chirico y Annamaria Palo; al fotógrafo Giuseppe Pisacane

Editor: Jesús Domingo
Edición a cargo de Eva Domingo

Publicado por primera vez en Italia por Fabbri Editori, bajo el título:
Uncinetto facile e veloce de Donatella Ciotti.

© 2006 *by* RCS Libri S.p.A., Milán, Italia
© 2009 de la versión española
   by Editorial El Drac, S.L.
   Marqués de Urquijo, 34. 28008 Madrid
   Tel.: 91 559 98 32. Fax: 91 541 02 35
   E-mail: info@editorialeldrac.com
   www.editorialeldrac.com

Fotografía: Giuseppe Pisacane
Diseño de cubierta: José María Alcoceba
Traducción: Mara Aguirre para Seven

ISBN: 978-84-9874-038-7
Depósito legal: M-35332-2008
Impreso en Brosmac, S.L.
Impreso en España – *Printed in Spain*

Donatella Ciotti

GANCHILLO

Diseños de moda, fáciles y rápidos

DRAC

Sumario

Introducción

La palabra "ganchillo o croché" deriva de *croc* o *croche*, que en francés viene a ser el ganchillo con el que se trabaja el hilo. Remontarnos a sus orígenes es difícil, ya que quedan pocos ejemplares de antiguos trabajos a ganchillo. Al igual que con el tejido con agujas, la trama del ganchillo se obtiene entrelazando un hilo continuo. Mientras que el trabajo de tejido con agujas requiere del uso de dos o más agujas, sobre las cuales se obtiene un cierto número de vueltas. La técnica del ganchillo ha tenido una larga difusión; podemos encontrar trabajos manufacturados en todo el mundo: China, Turquía, África, Europa y también en los Estados Unidos y en

América Latina. Un trabajo a ganchillo presenta dos aspectos claramente distintos: puede realizarse con hilo fino y un ganchillo finísimo, obteniendo así una trama liviana y calada muy similar al encaje, o bien con hilo de mayor espesor y un ganchillo más grande para obtener una trama más gruesa y pesada. El trabajo de trama gruesa es el más común. Los chinos, con la técnica del ganchillo, realizaban marionetas tridimensionales. Los africanos, en cambio, hacían sombreros para los jefes de la tribu. Los turcos, en lugar de sombreros y gorros, realizaban capirotes y capuchas para los pastores, de donde deriva el *Shepherd's knitting* (tejido del

pastor). A principios del siglo XIX se comenzó a utilizar el encaje al ganchillo para vestimenta habitual y ropa de casa. Su popularidad se debe a la obra de una inmigrante francesa, Eleanore Riego de la Branchanrdière, que se instaló en Irlanda, donde quedó impactada por los trabajos de encaje de las hermanas de un convento de Dublín. No sólo perfeccionó la habilidad de las hermanas sino que también inventó nuevos puntos y dio a conocer todo este trabajo publicándolo en su revista "The Needle" (La aguja). Los trabajos a ganchillo se pusieron muy de moda en los años setenta, tanto para decoración como para vestimenta, y se han ido afianzando cada

vez más, desarrollando nuevas modas y tendencias. En este libro encontrarán una muy colorida serie de accesorios: collares, cinturones, bolsos de todo tipo, estolas, mantillas con flores, sombreros y gorros para usar en toda ocasión. Una serie de propuestas para llevar con fantasía y desenvoltura y lograr una apariencia joven. Estos proyectos son aptos también para principiantes gracias a la gran cantidad de imágenes. Una ayuda válida para el total éxito de vuestro trabajo.

A todas... ¡Buen trabajo!
DONATELLA CIOTTI

Materiales

1 Hilo para ganchillo
2 Formas varias hechas a ganchillo
3 Alfiler de gancho grande
4 Varios ganchillos para lana e hilo
5 Aguja para lana
6 Ganchillos largos
7 Mariposa y flor
   a ganchillo
8 Lana para bordar

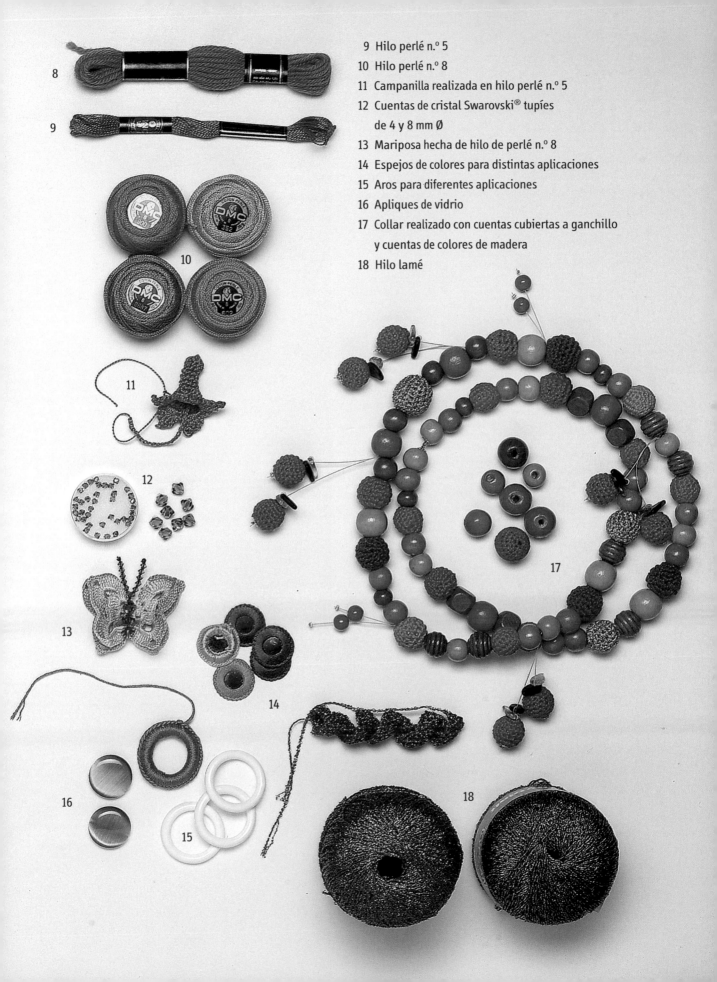

9   Hilo perlé n.º 5

10 Hilo perlé n.º 8

11 Campanilla realizada en hilo perlé n.º 5

12 Cuentas de cristal Swarovski® tupíes
    de 4 y 8 mm Ø

13 Mariposa hecha de hilo de perlé n.º 8

14 Espejos de colores para distintas aplicaciones

15 Aros para diferentes aplicaciones

16 Apliques de vidrio

17 Collar realizado con cuentas cubiertas a ganchillo
    y cuentas de colores de madera

18 Hilo lamé

Primeros pasos

ABREVIATURAS

arc. : arco

cad.: cadeneta

t.: tejido

m.p.alto: medio punto alto

p.: punto

p.a.: punto alto

p.a. doble: punto alto doble

p.b.: punto bajo

p.f.: punto falso

rac.: racimo

gan.: ganchillo

v.: vuelta

deb.: debajo

ant.: anterior

trb.: trabajar

sig.: siguiente

suby.: subyacente

CÓMO SOSTENER EL HILO

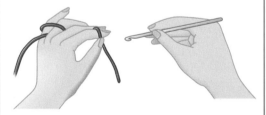

La posición del hilo entre los dedos es muy
importante porque sirve para proporcionarle
al trabajo la presión adecuada: sostener
con la mano izquierda entre el pulgar y el índice,
pasar por el medio, sobre el anular y el meñique.
Sostener el ganchillo con la mano derecha,
con el pulgar y el índice.

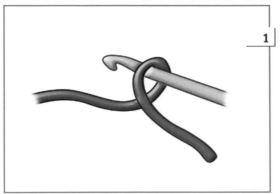

CADENETA SIMPLE

1 La cadeneta es la base para iniciar cualquier trabajo de ganchillo y debe realizarse del modo más regular posible, en cuanto que determina el margen del trabajo. Es importante que no quede demasiado tirante, de modo que el borde continúe siendo maleable y elástico, incluso mientras se está trabajando.

Formar un ojal con el hilo y sostenerlo con el índice y el pulgar de la mano izquierda. Introducir la punta del ganchillo de delante hacia atrás.

2 En este punto, pasar el hilo sobre el ganchillo.

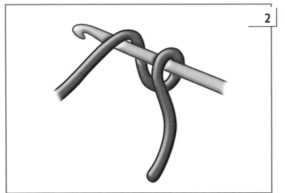

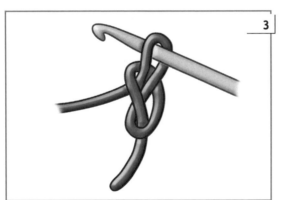

3 Extraer 1 punto a través del ojal: así se forma la 1.ª cadeneta. Pasar ahora el hilo sobre el ganchillo y sacar 1 nuevo punto a través de la cadeneta recién formada para obtener la 2.ª cadeneta.

4 Repetir este movimiento hasta conseguir el número necesario de puntos.

CADENETA DOBLE

1 Se trata de una doble fila de puntos trabajados juntos y se realiza en lugar de la cadeneta simple cuando se quiere dar más consistencia al margen del trabajo. Por esta razón, a menudo se utiliza como puntilla de terminación.
Iniciar la labor según se explicó para la cadeneta simple y trabajar 2 cadenetas.

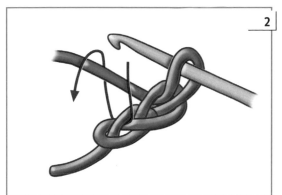

2 Colocar el ganchillo en la 1.ª cadeneta trabajada y sacar 1 punto.

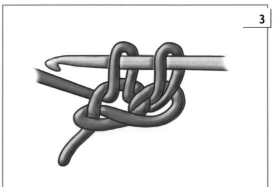

3 Pasar el hilo sobre el ganchillo y cerrar los 2 puntos que se encuentran sobre el ganchillo. De este modo queda formada la 1.ª cadeneta doble. Repetir este movimiento insertando siempre el ganchillo en el penúltimo punto trabajado.

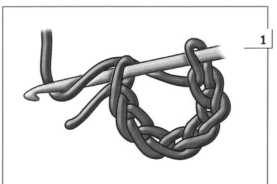

CADENETA EN REDONDO

1 Es una cadeneta simple cerrada en redondo y que se utiliza cuando se trabaja "en círculo" o por "módulos". Trabajar los puntos requeridos, luego cerrar la cadeneta en redondo uniendo la última cadeneta a la primera con 1 punto falso.

PUNTO BAJO

1 Es el punto más conocido. Fácil y rápido de realizar, es el que se utiliza para prendas como chaquetas y faldas, en trabajos en Jacquard y para perfeccionar bordes de costura.

Realizar una base de cadenetas, introducir el ganchillo en la 2.ª cadeneta (la 1.ª sustituye al 1.er punto bajo de la vuelta), enlazar el hilo sobre el ganchillo y extraer 1 punto.
Enlazar nuevamente el hilo sobre el ganchillo.

2 Pasar el hilo a través de los 2 puntos presentes en el ganchillo: de este modo queda formado el 1.er punto bajo.

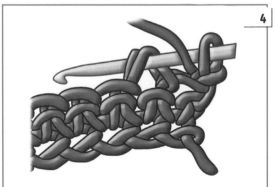

3 Insertar el ganchillo y repetir el paso anterior hasta el final de la vuelta.

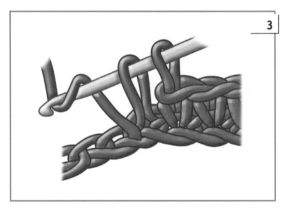

4 Girar el tejido, realizar 1 cadeneta y meter luego el ganchillo por debajo del 2.º punto y realizar un punto bajo. Continuar introduciendo el ganchillo en cada punto de la vuelta anterior. Para el último punto bajo de la vuelta, introducir el ganchillo en la cadeneta realizada con el primer punto de la fila anterior.

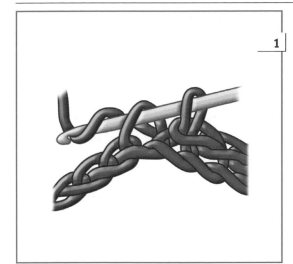

PUNTO FALSO

1 También se conoce como punto medio bajo porque se realiza haciendo la mitad del procedimiento para obtener el punto bajo. Se utiliza para pasar de un giro al otro en el trabajo en redondo o para unir dos partes de un trabajo.

Realizar una base de cadeneta y, a continuación, colocar el ganchillo en el 2.º punto del ganchillo y tirar del hilo.

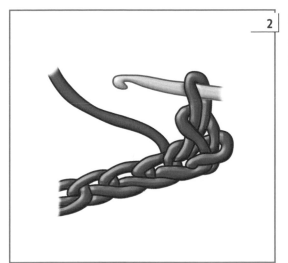

2 Pasar el hilo a través de los 2 ojales que se encuentran sobre el ganchillo. Queda así formado el primer punto falso.

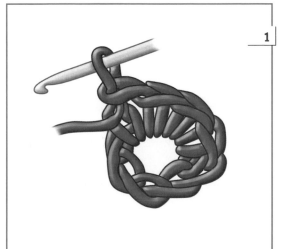

PUNTO BAJO EN REDONDO

1 Realizar una cadeneta de base y cerrarla en redondo uniendo, con 1 punto falso, la última cadeneta a la primera. Sin dar vuelta a la labor, seguir trabajando el punto bajo del primer giro, insertando el ganchillo en el centro del círculo.

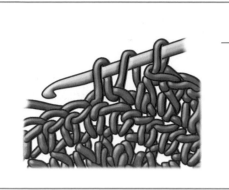

PUNTO MEDIO ALTO

1 Es un punto entre el punto bajo y el punto alto: la columna que se forma en realidad tiene una caída de altura intermedia, motivo por el cual se utiliza en la fabricación de pétalos o de abanicos. Enlazar el hilo en el ganchillo e introducirlo en el tejido de base, colocar de nuevo el hilo en el ganchillo y extraer 1 punto.

2 Enlazar nuevamente el hilo en el ganchillo.

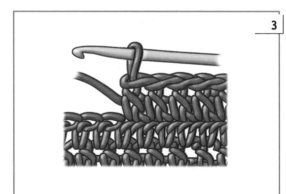

3 Pasar el hilo a través de los 3 puntos que se encuentran en el ganchillo. Queda así formado el primer punto medio alto. Al final de la vuelta, después de haber trabajado el último punto medio alto, realizar dos cadenetas: éstas sustituirán al primer punto medio alto de la siguiente vuelta.

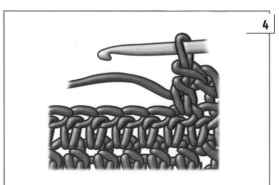

4 Girar el trabajo y realizar 1 punto medio alto en el segundo punto de base. Al final de la vuelta, trabajar el último punto medio alto en la segunda cadeneta de la vuelta anterior.

PUNTO ALTO

1 Se trata de un rápido proceso por medio del cual se realizan las columnas características. Es el punto base para la técnica de la red a filet.
Enlazar el hilo sobre el ganchillo e insertarlo en el tejido de base, después, colocar nuevamente el hilo sobre el ganchillo.

2 Quitar 1 punto y colocar una vez más el hilo sobre el ganchillo.

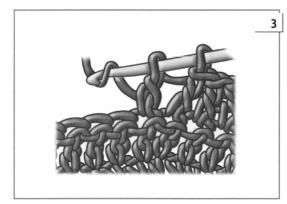

3 Pasar el hilo a través de 2 de los puntos que se encuentran sobre el ganchillo y colocar una vez más el hilo sobre éste.

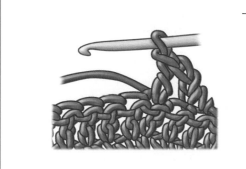

4 Pasar el hilo a través de los dos puntos que se encuentran ahora sobre el ganchillo: de este modo se forma el primer punto alto. Al final de la vuelta, darle la vuelta y hacer 3 cadenetas que sustituyan al primer punto alto de la fila siguiente. Al final de la línea, hacer un último punto alto en la tercera cadeneta de la línea anterior.

PUNTO ALTO DOBLE

1 También llamado punto superior, se trabaja como el punto alto, pero con un mayor número de hilos colocados sobre el ganchillo y cerrados en tres tiempos. El tejido de punto alto presenta una columna aún más alta.

Enlazar dos vueltas de hilo sobre el ganchillo antes de introducirlo en la cadeneta base. Colocar ahora el hilo sobre el ganchillo, extraer 1 punto, poner el hilo sobre el ganchillo y cerrar los primeros 2 puntos. Colocar nuevamente el hilo sobre el ganchillo.

2 Cerrar dos puntos, enlazar el hilo en el ganchillo y cerrar los dos puntos restantes: de este modo se forma el primer punto doble alto. Al final de la vuelta, realizar 4 cadenetas que sustituyan al primer punto alto doble de la siguiente vuelta. Realizar el último punto alto en la 4.ª cadeneta de la vuelta anterior.

PUNTO ALTO TRIPLE

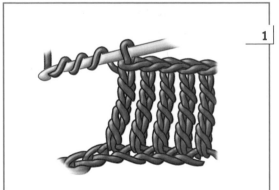

1 Otra variante del punto alto con un mayor número de hebras enlazadas, y cerrado en cuatro tiempos. Enlazar el hilo en el ganchillo tres veces antes de introducirlo en la cadeneta base.

2 Enlazar el hilo sobre el ganchillo, extraer un punto, poner el hilo sobre el ganchillo y cerrar los 2 primeros puntos de los 5 que están sobre el ganchillo. Enlazar nuevamente el hilo sobre el ganchillo y cerrar los puntos de dos a tres veces más: así se forma el primer punto alto triple. Al final de la línea, realizar 5 cadenetas que sustituyan el primer punto alto triple de la siguiente vuelta. Trabajar el último punto alto triple de la vuelta en la 5.ª cadeneta de la vuelta anterior.

PUNTO EN RELIEVE

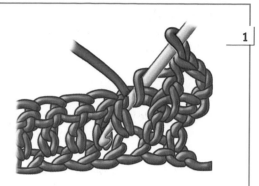

1 Se trata de un proceso particular que presenta una trama más bien densa, similar a un tejido.
PUNTO ALTO EN RELIEVE POR DELANTE:
Trabajar una vuelta en punto alto; realizar 3 cadenetas para girar, y luego enlazar el hilo sobre el ganchillo e introducirlo en diagonal, de delante hacia atrás, alrededor de la columna del tejido de abajo.

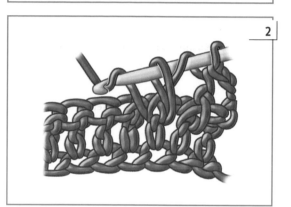

2 Enlazar el hilo sobre el ganchillo, extraer un punto, poner nuevamente el hilo sobre el ganchillo y cerrar los puntos dos a dos.

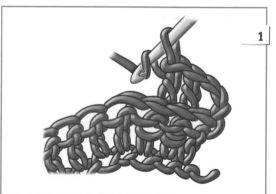

PUNTO ALTO EN RELIEVE POR DETRÁS:

1 Comenzar realizando una vuelta en punto alto; realizar 3 cadenetas para girar, enlazar luego el hilo sobre el ganchillo.

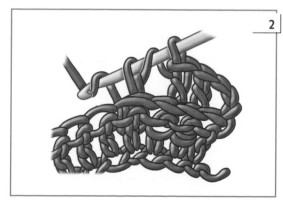

2 Insertar el ganchillo de atrás hacia delante alrededor de la columna del tejido de abajo, enlazar ahora el hilo sobre el ganchillo y cerrar los puntos dos a dos.

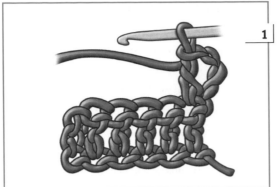

AUMENTO SIMPLE

1 Se usa para aumentar un solo punto al principio, al final, en el medio o a los lados de la vuelta.

AL COMIENZO DE LA VUELTA:

Girar el trabajo y realizar las cadenetas necesarias para sustituir el primer punto de la vuelta siguiente, trabajar luego el punto que forma el aumento en el primer tejido de base. Continuar el trabajo.

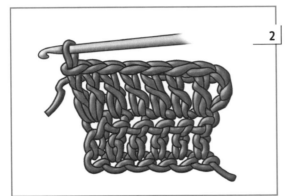

AL FINAL DE LA VUELTA:

2 Realizar 2 puntos en la última cadeneta o punto de base que sustituyen al primer punto de la vuelta anterior.

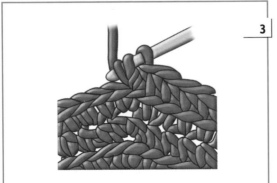

EN EL MEDIO DEL TRABAJO:

3 Alcanzar el punto indicado, trabajar dos puntos. En la vuelta siguiente, realizar el aumento siempre en correspondencia con el primer punto del aumento de abajo.

AUMENTOS MÚLTIPLES POR PASOS (al inicio de la vuelta)

1 Se trabajan al final de la vuelta que precede a la vuelta en que se realizará el aumento.

Trabajar el último punto de la vuelta, comenzar un número de cadenetas iguales a los puntos a aumentar, girar y realizar las cadenetas que sustituirán el primer punto de la vuelta. Trabajar luego los puntos en cada cadeneta comenzada. Continuar el trabajo.

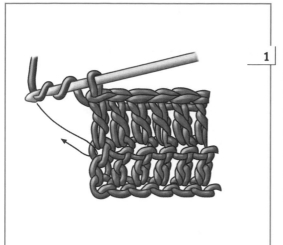

AUMENTOS MÚLTIPLES POR PASOS (al final de la vuelta)

1 Se trabajan al final de la vuelta con el aumento al comienzo de la vuelta ya trabajada.
Enlazar dos veces el hilo sobre el ganchillo (se trabaja en punto alto), introducir el ganchillo en la base del último punto trabajado. Enlazar ahora el hilo sobre el ganchillo, extraer un punto y cerrar dos a dos 4 ojales que se encuentran sobre el ganchillo.

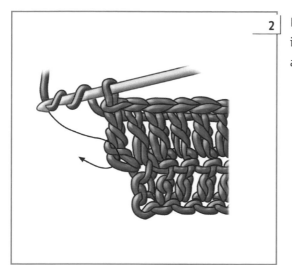

2 Para el siguiente punto, proceder del mismo modo insertando el ganchillo en la base del primer punto aumentado.

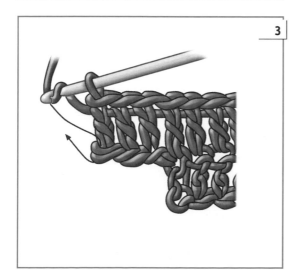

3 Trabajar el último punto a aumentar del mismo modo, enlazando el hilo sobre el ganchillo una sola vez en lugar de dos. Cerrar el punto, girar, realizar 3 cadenetas para sustituir el primer punto y hacer un punto en cada punto aumentado. Continuar con el trabajo.

AUMENTOS MÚLTIPLES A ESCALA

Se utilizan para aumentar rápidamente el trabajo manteniendo los márgenes lineales gracias a la utilización de los p. de distinta altura: p.m.bj, p.b, p. medio a. y p.a.

AL COMIENZO DE LA VUELTA:

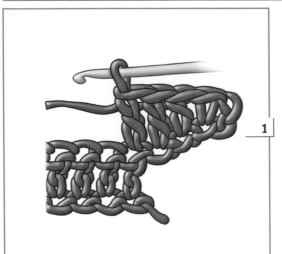

1 Tras trabajar el último punto de la vuelta, comenzar un número de cadenetas igual a los puntos que hay que aumentar, girar, trabajar 1 cadeneta para sustituir el punto muy bajo, luego, realizar un p.b. en el tercer punto del ganchillo, 1 m.p. alto en la cadeneta siguiente y un p.a. en cada una de las sucesivas cadenetas aumentadas.

AL FINAL DE LA VUELTA:

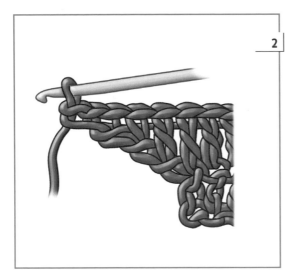

2 Introducir el ganchillo en la misma base del último punto trabajado y realizar un punto alto doble para obtener un punto alto, 1 punto alto para obtener un punto medio alto, 1 punto medio alto para el punto bajo y 1 un punto bajo para el punto muy bajo.

DISMINUCIONES EXTERIORES POR PASOS

Se utilizan cuando se desea dar a los bordes laterales una dirección por pasos.

AL COMIENZO DE LA VUELTA:

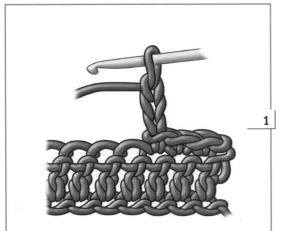

1 Girar el trabajo, no realizar las cadenetas que sustituyen el primer punto, ahora, trabajar 1 punto falso en cada uno de los puntos a disminuir. Realizar las cadenetas necesarias para el primer punto y proceder normalmente en la ejecución de la vuelta.

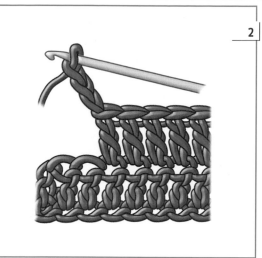

AL FINAL DE LA VUELTA:

2 Trabajar todos los puntos de la vuelta hasta el punto anterior que se vaya a disminuir. Girar el trabajo y comenzar el número de cadenetas necesario para sustituir el primer punto de la vuelta siguiente, dejando así pendientes los puntos restantes.

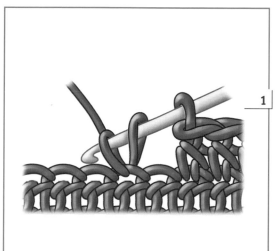

DISMINUCIONES INTERIORES

Se utilizan cuando se deben realizar pinzas y dar forma al interior de varias de las partes de un gorro.

AL INTERIOR DE LA VUELTA:

1 Alcanzar el punto indicado para la disminución, saltarse el punto establecido y trabajar el punto siguiente.

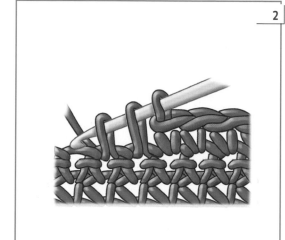

2 O bien, extraer 1 punto del tejido de abajo, sacar ahora un punto del tejido siguiente, enlazar el hilo sobre el ganchillo y cerrar los 3 puntos que se encuentran sobre él.

Marcar la posición con un hilo de color contrastado para realizar las disminuciones.

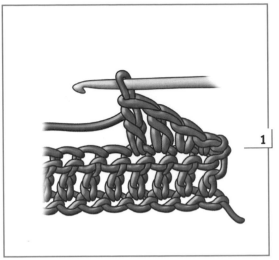

DISMINUCIONES EXTERIORES GRADUALES

Para dar a los márgenes laterales del trabajo un curso perfectamente lineal.

AL COMIENZO DE LA VUELTA:

En el caso de que sea necesario disminuir 1 solo p. al comienzo de la vuelta, comenzar las cad. para sustituir el primer p. de la vuelta, luego trabajar 1 p. no cerrado en el t. siguiente, enlazar el hilo y cerrar juntos los p. presentes sobre el ganchillo. Para disminuir más puntos al comienzo de la vuelta (por ejemplo, 3 puntos a disminuir en una base de p.a.), no comenzar las primeras cad., trabajar 1 p.b. en el primer punto de la vuelta, 1 p.b. en el punto siguiente, 1 m.p. alto en el 3.er punto de base. Continuar la elaboración de la vuelta.

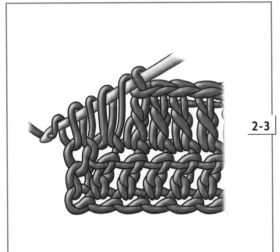

AL FINAL DE LA VUELTA:

En caso de que sea necesario disminuir un solo punto al final de la vuelta, no cerrar los últimos dos puntos, enlazar el hilo, luego cerrar los últimos dos puntos juntos (figura 2). Para disminuir 3 puntos, trabajar los últimos tres puntos de la vuelta de la siguiente manera: 1 punto medio alto en el antepenúltimo punto de la vuelta, 1 punto bajo en el penúltimo y 1 punto muy bajo en el último punto. Comenzar la vuelta siguiente trabajando puntos muy bajos sobre los tres puntos disminuidos.

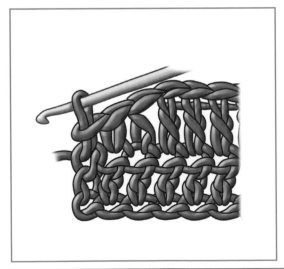

Para obtener la forma de estas flores se utilizan las técnicas de aumentos y disminuciones. El proyecto del cinturón con campanillas se encuentra en la página 58.

DISMINUCION EXTERNA GRADUAL SUCESIVA

Se utiliza cuando se desea disminuir más puntos sucesivamente.

AL COMIENZO DE LA VUELTA:

1 Saltarse el primer punto, trabajar un punto falso en cualquiera de los 2 p. siguientes (los 3 p. que se han disminuido en la vuelta anterior), continuar luego normalmente en los otros puntos de la vuelta.

AL FINAL DE LA VUELTA:

2 En los últimos 3 puntos de base, realizar 1 punto medio alto, 1 punto bajo y 1 punto falso.

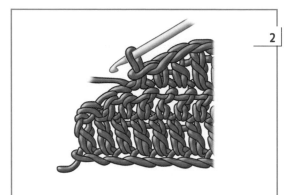

FILET: LA BASE DE LA RED

Se utiliza para hacer prendas más abiertas y se realiza siguiendo un gráfico: el cuadrito vacío indica un hueco de la red, y se obtiene con un punto alto y con cadenetas, mientras que el cuadrito lleno se realiza con un grupo de tres puntos altos. El aumento de uno o más cuadritos, llenos o vacíos, sirve para formar festones, esquinas, sisas y cuellos.

AL PRINCIPIO DE LA VUELTA CON CUADRITOS VACÍOS:

1 Iniciar una cadeneta de base divisible por 3 más 5 y trabajar el punto alto empezando en la 9.ª cadeneta del ganchillo, formando así el primer cuadrito vacío.

PARA LA VUELTA CON CUADRITOS VACÍOS:

2 Continuar trabajando * 2.ª cadeneta, saltando 2 cadenetas de base y trabajando 1 punto alto en la cadeneta base siguiente *, repetir la parte entre asteriscos en toda la vuelta y terminar con un punto alto en la última cadeneta.

AL INICIO DE LA VUELTA CON CUADRITOS LLENOS:

3 Hacer una cadeneta de base divisible por 3, girar la labor y realizar las 3 cadenetas que sustituyen al primer punto alto. Continuar trabajando 1 punto alto en cada una de las 3 cadenetas de base siguientes, formando así el primer cuadrito lleno. Para cada cuadrito siguiente, realizar un grupo de 3 puntos altos separados por 2 cadenetas.

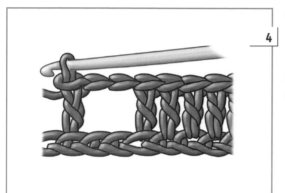

CUADRITOS LLENOS Y HUECOS ALTERNADOS:

4 En la primera vuelta trabajar 1 cuadrito lleno (figura 3), luego 1 cuadrito hueco (figura 4), después un cuadrito lleno realizando un grupo de 3 puntos altos. Alternar a continuación por toda la vuelta 1 cuadrito hueco y 1 cuadrito lleno.

EN LAS VUELTAS SIGUIENTES:

5 Para obtener un cuadrito hueco en correspondencia con 1 cuadrito lleno, realizar siempre 2 cadenetas, saltear 2 puntos altos subyacentes y trabajar 1 punto alto sobre el punto alto siguiente.

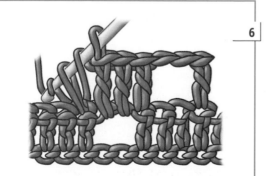

EN LAS VUELTAS SIGUIENTES:

6 Para obtener 1 cuadrito lleno en correspondencia con 1 cuadrito hueco, trabajar 1 punto alto en el último punto alto subyacente, en el arco de las 2 cadenetas siguientes realizar 2 puntos altos y luego 1 punto alto sobre el primer punto alto del cuadrito lleno siguiente.

AUMENTOS AL INICIO DE LA VUELTA

El aumento de uno o más cuadritos al inicio de la vuelta debe hacerse al final de la vuelta que precede al aumento.

CUADRITO VACÍO:

1 Tras el último punto de la vuelta, hacer 8 cadenetas, dar la vuelta a la labor y realizar el primer punto alto sobre el último punto alto de la vuelta precedente. Iniciar para cada cuadrito 3 cadenetas de más.

CUADRITO LLENO

2 Después del último punto de la vuelta, realizar 6 cadenetas (=base y 1.er punto alto), dar vuelta a la labor y trabajar el primer punto alto en la quinta cadeneta del ganchillo, luego 1 punto alto en la cadeneta siguiente y 1 punto alto sobre el último punto alto de la fila precedente. Iniciar siempre por cada cuadrito 3 cadenetas de más.

AUMENTOS AL FINAL DE LA VUELTA

Se realizan después de haber trabajado el último punto alto de la vuelta.

CUADRITO VACÍO:

1 Realizar 2 cadenetas, enlazar el hilo sobre el ganchillo y elaborar 1 punto alto triple insertando el ganchillo en la base del último punto alto realizado. Proceder del mismo modo por cada cuadrito vacío a aumentar, pero insertando el ganchillo en la base del punto alto triple recién realizado. Dar la vuelta a la labor y continuar la vuelta trabajando normalmente.

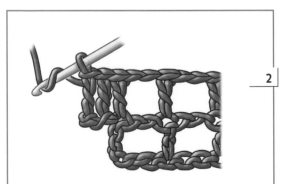

CUADRITO LLENO:

2 Después del último punto alto de la vuelta, realizar 2 puntos altos dobles y 1 punto alto insertando siempre el ganchillo en la base del último punto realizado. Dar la vuelta y continuar normalmente.

El delicado biquini de esta foto ha sido
realizado con punto filet. El proyecto
para hacer un traje de baño se
encuentra en la pág. 72.

BOTON PLANO CON ARO DE METAL

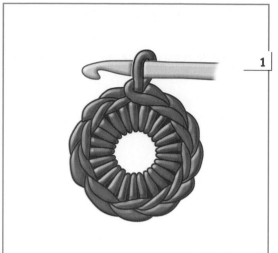

1 Los botones a ganchillo, además de cumplir su función de cierre, pueden servir de originales terminaciones. Utilizar un aro de metal o plástico del tamaño deseado (en mercerías especializadas). Insertar el ganchillo en el aro y realizar 1 punto bajo. Insertando siempre el ganchillo en el aro, realizar los puntos bajos necesarios para cubrirlo completamente (el número de puntos depende tanto del tamaño del aro como del espesor del hilo). Cerrar con 1 punto falso hecho en el primer punto bajo, cortar y fijar el hilo.

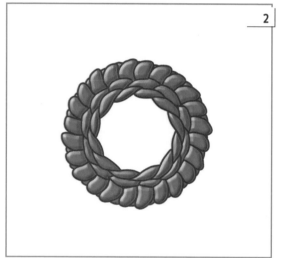

2 Voltear hacia dentro del aro el punto base recién realizado.

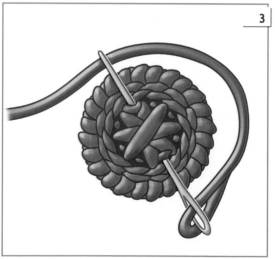

3 Insertar una aguja para lana con el mismo hilo utilizado para la confección del botón, o con un hilo de otro color para contrastar, y coser juntos los bordes del círculo con puntos bajos cruzando los hilos para crear una decoración en forma de estrella.

BOTÓN CON FORMA DE BORLA

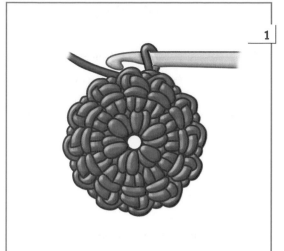

1 Cubrir con dos vueltas el hilo alrededor del índice de la mano izquierda y en el anillo obtenido realizar 6 puntos base y un punto falso elaborado sobre el primer punto bajo; cerrar el anillo. En el segundo círculo, duplicar el número de puntos trabajando en cada punto de abajo 2 puntos bajos (=12 puntos). Cerrar este círculo y el siguiente con 1 punto falso en el primer punto bajo del círculo. En el tercer círculo, realizar 12 puntos bajos: se obtendrá una forma cóncava a media esfera.

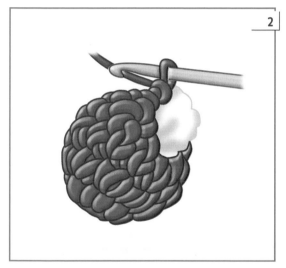

2 En el cuarto círculo, trabajar 1 punto bajo y saltear el punto siguiente por todo el círculo. De este modo se obtienen 6 puntos. Para llenar el botón, insertarlo en la apertura del algodón.

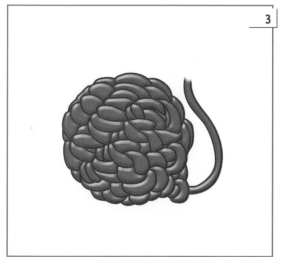

3 Realizar el último círculo trabajando 1 punto bajo y saltando el punto siguiente. Terminar con 1 punto falso en el primer punto bajo de la vuelta. Pasar el hilo por los 3 puntos restantes y sujetar. Sujetar el hilo y utilizarlo para asir el botón que se ha obtenido como resultado.

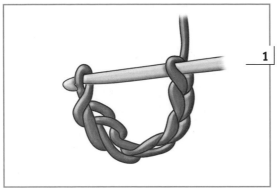

COMIENZO EN REDONDO
Primer método

1 Se utiliza para confeccionar prendas como gorros, centros y motivos florales. Se pueden adoptar dos métodos para hacer el anillo inicial: el primero, el que se usa de forma más frecuente, tiene como base la cadeneta. Realizar el número de cadenetas necesario para el trabajo a efectuar y cerrar el círculo apuntando el ganchillo en la primera cadeneta.

2 Extraer 1 punto y pasarlo a través de la cadeneta que se encuentra sobre el ganchillo.

3 Realizar 1 cadeneta y, ubicando siempre el ganchillo por dentro del aro obtenido, continuar con un punto bajo haciendo un número de puntos proporcional o igual al número de cadenetas comenzado (lo normal es hacer un número igual de cadenetas cuando los puntos bajos son pocos, o el mismo número más la mitad, cuando los puntos bajos son muchos).

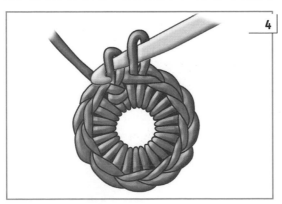

4 Cerrar el círculo con puntos bajos realizando 1 punto falso sobre la cadeneta inicial.

COMIENZO EN REDONDO
Segundo metodo

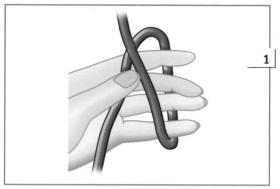

1 Se utiliza especialmente para trabajos más delicados, tiene como base un aro obtenido del hilo enrollado en la mano. Sostener el comienzo del hilo entre el pulgar y la palma de la mano izquierda y pasarlo sobre el dorso de la mano, traer el hilo hacia adelante y sobre el comienzo.

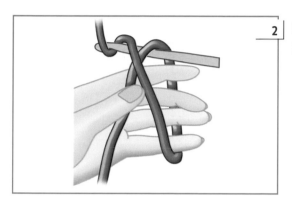

2 Introducir el ganchillo en el aro obtenido de delante hacia atrás y pasarlo sobre el hilo; formar una argolla.

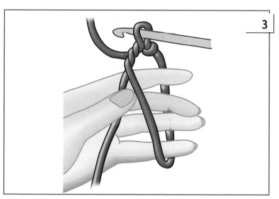

3 Sujetar esta argolla sobre el aro formando un ojal y, sobre este ojal, realizar 1 cadeneta.

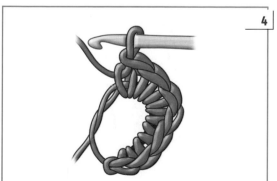

4 Continuar con puntos bajos insertando el ganchillo directamente en el aro formado y sosteniendo simultáneamente los dos hilos. Después de haber hecho el número de puntos bajos necesario, ajustar el aro tirando del comienzo del hilo.

ENCAJE DE IRLANDA

1 Característico encaje usado en especial para la realización de prendas de decoración. Las flores y hojas, superpuestas y en relieve, se trabajan por separado y se unen entre sí con un broche a ganchillo o con aguja en punto festón, creando motivos únicos. Con el primer hilo (azul), realizar 6 cadenetas, y apuntando siempre a la primera cadeneta siguiente, realizar *1 punto alto y 2 cadenetas *, repetir de * a * otras 6 veces y terminar el círculo con 1 punto falso en la cuarta cadeneta del inicio.

2 En cada arco de 2 cadenetas subyacente, realizar 1 pétalo de la siguiente manera: 1 punto bajo, 1 cadeneta, 2 puntos altos, 1 cadeneta y 1 punto bajo. Al final de la vuelta, ajustar y cortar el hilo.

3 Con el segundo hilo (amarillo), insertar el ganchillo sobre 1 punto alto en la base de un pétalo, quitar 1 punto y realizar 6 cadenetas. Continuar trabajando * 1 punto alto insertando el ganchillo alrededor de 1 punto alto de abajo, 3 cadenetas *, repetir de * a * otras 6 veces y terminar con un punto falso en la tercera cadeneta del inicio del círculo.

4 Plegar en la parte delantera del trabajo los pétalos de color azul. En cada arco de 3 cad. trabajar de la siguiente manera: 1 p.b., 1 cad., 3 p.a., 1 cad., 1 p.b. Al final del círculo, ajustar y cortar el hilo. Para el tercer círculo de pétalos (en fucsia), trabajar como se explicó en el punto n.º 3, realizando 7 cad. iniciales, 4 cad. en el lugar de 3 las que se encuentran después del punto alto y para el pétalo realizar 1 punto bajo, 1 cadeneta, 4 puntos altos, 1 cadeneta y 1 punto bajo.

Las bolas de este collar se han realizado
con la técnica de botones en forma de
borla, mientras que los apliques del lazo
tienen forma de rositas realizadas
en Encaje de Irlanda.
El proyecto del collar se encuentra
en la página 40.

Proyectos

Collares
y gargantillas

- 45 bolas de madera en diferentes colores y formas
- 23 bolas recubiertas a ganchillo en varios colores
- 16 hojas de cristal
- 4 bolas de vidrio rojo
- 2,5 m de hilo de alambre verde
- 30 chafas
- 8 bolas recubiertas en hilo dorado
- Pinzas de punta plana y tenazas

1 Cortar 110 centímetros de hilo de alambre y, disponiendo de los colores a gusto y de modo armonioso, enhebrar las bolas de madera y 15 bolas a ganchillo. En un extremo del hilo colocar una chafa, pasar en sentido opuesto el otro hilo dentro de la chafa y aplastar con la pinza de punta plana. Cortar el excedente. Cortar un segmento de 30 cm de hilo, pasarlo entre dos bolas, doblarlo por la mitad, luego, en ambos hilos, colocar una chafa y aplastar.

2 En un hilo, enhebrar una hoja en el ojal para bloquearlo, enhebrar otra hoja, luego una bola recubierta a ganchillo, una bola en hilo dorado y una chafa. Bloquear el trabajo aplastándolo. Repetir la operación con el otro hilo: así se obtiene un colgante.

3 Del mismo modo, crear otros tres colgantes ubicándolos según se muestra en la fotografía. Con las bolas rojas de vidrio realizar otros colgantes para enriquecer la serie.

- 5 m de hilo perlé en diversos tonos
- 1 ovillo de lamé a tono con los hilos
- 6 botones de nácar opaco
- 1 ganchillo n.º 2 $^1/_2$
- 1 aguja para lana
- Tijeras

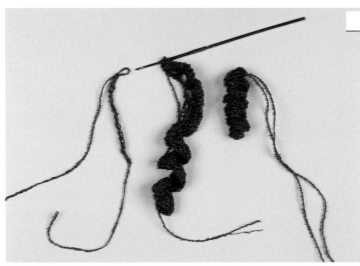

1 Con el hilo de lamé y el ganchillo n.º 2 $^1/_2$ realizar una cadeneta de 12 puntos. Elaborar la primera vuelta 1 punto bajo en la 2.ª cadeneta de base, *5 cadenetas, 1 punto bajo *, repetir de * a * por cinco vueltas, dejando las últimas 5 cadenetas libres. En la segunda vuelta, trabajar en cada arco 10/12 puntos altos. Al final del trabajo, envolver en sí misma la espiral obtenida.

2 Elaborar dos encajes de Irlanda, 4 flores simples, las hojas y los botones en forma de borla. Para el collar, realizar una cadeneta del largo deseado, trabajar 1 vuelta en p.b., 1 giro en p.a. y 1 vuelta en p.b. Coser las hojas al collar y, a modo de colgantes, sujetar los espirales y los botones al crochet. Fijar las flores con los botones haciendo un nudo visible encima del trabajo y dejando 1 cm de hilo.

- 5 m de hilo de algodón perlé en varios tonos
- 3 botones de lamé decorados
- 1 ganchillo n.º 2 $\frac{1}{2}$
- 1 aguja para lana
- 2 bolas de madera
- 1 bolsita de cuentas rojas
- 1 aguja para cuentas y tijeras

1 Doblar un trozo de hilo por la mitad y fijarlo con un nudo corredizo a una bola de madera. Recubrir la bola de cuentas, pasando siempre el hilo por dentro: ajustar las cuentas con un nudo en la base del orificio de modo que no entren.

2 Para los flecos, enhebrar 6 cm de cuentas, saltarse la última enhebrada y pasar a las otras. Bloquear el fleco en la base de la bola, repetir varias veces esta operación: así obtendrá la borla. Realizar 3 flores simples, 2 hojas y botones en forma de borla. Fijar las hojas y las flores en el centro del collar y, como colgantes, las borlas y los botones con cadenetas.

Si desea un collar calado, realizar 1 vuelta a punto bajo, una vuelta a cuadritos vacíos y 1 vuelta a punto bajo.

Flores y mariposas

MATERIALES

- 1 ovillo de hilo de algodón rosado
- 1 ovillo de hilo de algodón verde
- 1 ganchillo n.º 2 $^1/_2$
- Aguja para lana
- Tijeras

1 Para la flor, realizar 1 cadeneta de 3 puntos con el hilo de algodón rosado y con 1 punto falso cerrarlo en forma de anillo. Trabajar 3 puntos bajos en el círculo, luego continuar con tres vueltas en punto bajo, aumentando 2 puntos en cada vuelta. En la 4.ª vuelta, distribuir los aumentos a fin de obtener 14 puntos en total. En la 5.ª vuelta, realizar tres puntos altos en cada punto bajo. De la 6.ª a la 8.ª vueltas, elaborar 3 puntos altos en cada punto alto subyacente: así se formarán los pétalos.

2 Para el cáliz de la flor, realizar con el hilo de algodón verde 1 cadeneta de 5 puntos y cerrarla en forma de anillo con 1 punto falso. Realizar 7 puntos bajos en el círculo obtenido. Continuar realizando puntos bajos por tres vueltas aumentando gradualmente los puntos hasta obtener 14 puntos bajos en total en la 4.ª vuelta. Al final, ajustar el hilo con un punto bajo y repasarlo entre los puntos.

3 Con pequeñas puntadas ocultas, coser el cáliz verde a la base de la flor rosada, completándola.

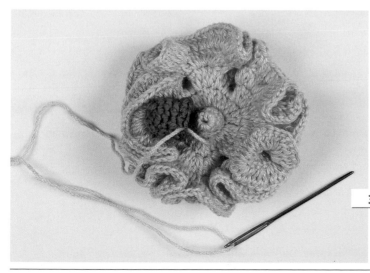

MATERIALES

- 1 ovillo de hilo de algodón perlé n.º 8 rosa matizado
- 1 ganchillo n.º 1,50
- 12 cristales Swarovski® cono doble 4 mm Ø
- 3 cuentas Swarovski® tupíes de 8 mm Ø
- 30 cm de hilo metálico 40
- Tenazas y tijeras
- Pinzas de punta redonda

Con el hilo de algodón rosa matizado realizar una cadeneta de 8 puntos, cerrar en forma de anillo con un punto falso y, en el círculo obtenido, realizar 4 cadenetas, 3 puntos altos dobles, 3 cadenetas, * 4 puntos altos, 3 cadenetas *, repetir de * a * 6 veces y cerrar la vuelta con 1 punto falso en la 4.ª cadeneta de las 4 iniciales que sustituyen al primer punto alto de la vuelta: así se obtiene el motivo central. Para las alas de la mariposa, continuar trabajando como se describe a continuación:

1. vuelta: en cada arco, realizar 5 puntos altos dobles (el punto inicial de la vuelta se sustituye por 4 cadenetas), 7 cadenetas y 5 puntos altos dobles.

2. vuelta: en cada arco, realizar 9 puntos altos dobles, 3 cadenetas y 9 puntos altos dobles.

3. vuelta: en punto bajo (= 9 puntos bajos sobre los puntos altos y 3 puntos bajos en el arco de cadenetas). Al término de la vuelta, finalizar el trabajo y cortar el hilo. Doblar por la mitad la carpetilla obtenida, formando de este modo la mariposa. Para el cuerpo y las antenas, tomar un trozo de hilo de acero, doblarlo por la mitad y colocarlo en el centro de la mariposa. En un hilo, enhebrar las 3 tupíes Swarovski® de 8 mm y envolverlos con los hilos. En ambos hilos, enhebrar 6 tupíes Swarovski® de 4 mm, llevarlos hasta la base de los hilos y cortarlos dejando cerca de 2 cm de hilo. Con las pinzas de punta redonda, crear rulos en la parte superior para bloquear.

Bandoleras
multicolores

MATERIALES Bandolera rosa matizada

- Hilo de algodón
- 50 g de blanco
- 100 g de rosa oscuro
- 100 g de rosa viejo
- 100 g de salmón
- 1,50 m de cordón blanco
- Ganchillo n.º 3

1 Con el hilo de algodón blanco puesto al doble y el ganchillo, hacer una cadeneta de 7 puntos, cerrar en forma de anillo con 1 punto falso y trabajar en el círculo según se detalla a continuación, alternando los colores a voluntad:

1.ª vuelta: 3 cad., 13 puntos altos (= 14 p.a.), cerrar todas las vueltas con 1 punto falso.

2.ª vuelta: 2 puntos altos en cada punto alto de la vuelta anterior.

3.ª vuelta: * 2 puntos altos en el mismo p., 1 p.a. en el punto sig. *, repetir de * a * (= 42 p. a.).

4.ª vuelta: * 2 p. altos en el mismo p., 1 p. alto en los 2 p. altos sig. *, repetir de *a * (= 56 p. a.).

5.ª vuelta: * 2 p. altos en el mismo p., 1 p. alto en los 3 p. sig.*, repetir de * a * (= 70 p.a.).

6.ª vuelta: * 2 p. altos en el mismo p., 1 p. alto en los 4 p. sig.*, repetir de * a * (= 84 p.a.)

7.ª vuelta: * 2 p. altos en el mismo p., 1 p. alto en los 5 p. sig.*, repetir de * a * (= 98 p.a.)

8.ª vuelta: 1 p. alto en los 4 p. sig., * 2 cad., 2 p. altos cerrados juntos, 2 cad., 1 p. alto en los 8 p. sig.*, cerrar la vuelta con 2 cad., 2 p. altos cerrados juntos, 2 cad.

9.ª vuelta: 1 p. alto en los 4 p. altos siguientes, * 2 p. altos en las 2 cad., 1 p. alto en los 2 p. altos cerrados juntos, 2 p. altos en las 2 cad., 1 p. alto en los 8 p. altos siguientes *, repetir de * a *.

10.ª vuelta: 1 p. alto en los 6 p. sig., * 2 p. altos en el p. sig., 1 p. alto en los 12 p. sig. *, rep. de * a *.

2 Realizar otro círculo del mismo modo y, a continuación, unirlo con hilo blanco trabajando una vuelta en punto bajo, dejando una abertura de alrededor de 17 cm. Terminar la bandolera con una vuelta en forma de abanico: * 2 cad., salt. 2 p. de base, 1 p. baj., salt. 2 p. de base, 2 p. altos, 1 cad. y 2 p. altos en el mismo p. *, repetir de * a *.

3 Trabajar en la abertura 17 p. con punto cangrejo: se obtiene trabajando con p. bajo pero de derecha a izquierda. Fijar el cordón a modo de sujeción.

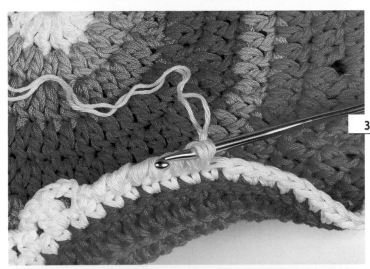

1 Para la bandolera de color amarillo, verde y anaranjado, proceder como se ha indicado para la bandolera en rosa matizado, inspirándose en la fotografía para la disposición de los colores. Al final, aplicar espejitos de adorno.

Bolsos

MATERIALES Bolso ciclamen

- 150 gr de hilo de algodón ciclamen
- ganchillo n.º 3 $^1/_2$
- 40 cm forro al tono
- 40 cm de tela rígida
- Hilo de coser al tono
- Aguja de coser y tijeras
- Pasamanería con pompones

Realizar una cad. de 10 p., cerrar en forma de anillo y en el círculo obtenido trabajar como se indica a continuación:

1.ª vuelta: 3 cad. (= 1.er punto alto) y 22 p. altos; cerrar la vuelta con 1 p. falso en la 3.ª cad. del comienzo de la vuelta.

2.ª vuelta: (a partir de esta vuelta, con excepción de las vueltas para las cuales se indique de otra forma, trabajar insertando el ganchillo sólo al hilo de la parte trasera de los p. de la vuelta anterior) trabajar a p. bajo aumentando 4 p. (= 27 p.)

3.ª vuelta: 8 cad. (1.er p. alto + 5 cad.), * saltear 2 p. de base, 1 p. alto en el p. sig., 5. p. cad. *; cerrar la vuelta con 1 p. falso en la 3.ª de las 8 cad. del comienzo de la vuelta.

4.ª vuelta: 3 cad. (= 1.er punto alto), 1 p. alto en la cad. que aparece a la izquierda, * 4 cad., saltear 3 cad., 1 p. alto en la cad. sig., 1 p. alto en el p. alto, 1 p. alto en la cad. siguiente (pétalo) *; cerrar la vuelta con un p. alto, 1 p. falso en la 3.ª cad. del comienzo de la vuelta.

5.ª vuelta: realizar 5 p. altos en cada pétalo y 4 cad. entre un pétalo y el otro, cerrar todas las vueltas con 1 p. falso.

6.ª vuelta: 7 p. altos en cada pétalo y 5 cad. entre un pétalo y el otro.

7.ª vuelta: 9 p. altos en cada pétalo y 5 cad. entre un pétalo y el otro.

8.ª vuelta: 11 p. altos en cada pétalo y 5 cad. entre un pétalo y el otro.

9.ª vuelta: 12 p. altos en cada pétalo y 5 cad. entre un pétalo y el otro (el aumento se realiza sólo a la izquierda del pétalo).

10.ª vuelta: 12 p. altos en cada pétalo y 6 cad. entre un pétalo y el otro.

11.ª vuelta: * saltear 1 p. alto a la derecha del pétalo, 11 p. altos, 8 cad. *, rep. de * a *.

12.ª vuelta: * saltear 2 p. altos a la derecha del pétalo, 9 p. altos, 4 cad., 1 p. alto en la 4.ª y 5.ª de las 8 cad. de la vuelta anterior, 4 cad. *.

13.ª vuelta: * saltear 2 p. altos a la derecha del pétalo, 7 p. altos, 4 cad., saltear 2 cad., 2 p. altos, 2 cad., saltear 2 p. altos, 2 p. altos, 4 p. cad. *, rep. de * a *.

14.ª vuelta: * saltear 2 p. altos a la derecha del pétalo, 5 p. altos, 4 cad., saltear 2 cad., 2 p. altos, 2 cad., saltear 2 p. altos, 2 p. altos, 2 cad., saltear 2 p. altos, 2 p. altos, 4 cad. *, rep. de * a *.

15.ª vuelta: * saltear 2 p. altos a la derecha del pétalo, 3 p. altos, 8 cad., saltear 4 cad. y 2 p. altos, 2 p. altos, 2 cad., saltear 2 p. altos, 2 p. altos, 8 p. cad. *.

16.ª vuelta: * saltear 1 p. alto a la derecha del pétalo, 1 p. alto en el 2.º de los 3 p. altos de la vuelta anterior, 6 cad., 1 p. alto en la 4.ª y 5.ª de las 8 cad. de la vuelta anterior, 6 cad., 2 p. altos entre los 2 grupos de 2 p. altos de la vuelta anterior, 6 cad., 1 p. alto en la 4.ª y 5.ª de las 8 cad. siguientes, 6 cad. *, rep. de * a *.

17.ª vuelta: con puntos altos.

18.ª vuelta: * 1 p. alto, 1 cad., saltear 1 p. de base *, repetir siempre de * a * y cerrar con 1 p. falso: así habrá obtenido 1 vuelta de arcos. Rematar el trabajo y cortar el hilo.

MATERIALES Bolso turquesa

- 150 g de hilo de algodón turquesa
- Ganchillo n.º 3 $\frac{1}{2}$
- 40 cm de forro al tono
- 40 cm de tela rígida
- Hilo de coser al tono
- Aguja de coser
- Tijeras
- Cinta de raso

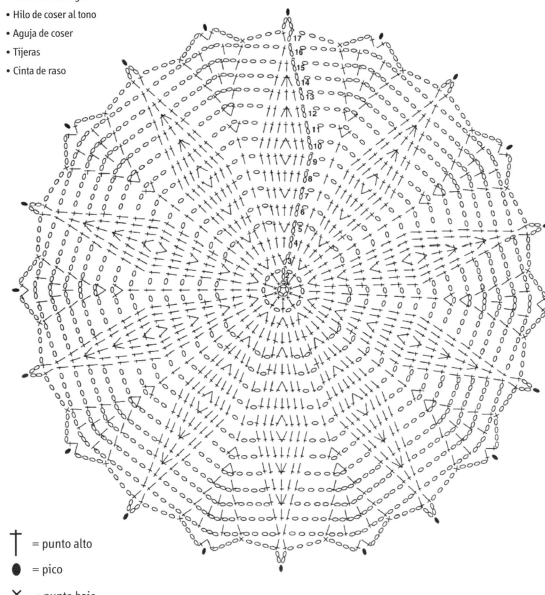

† = punto alto

● = pico

✕ = punto bajo

○ = cadeneta

⌒ = punto falso

⋀ = 3 puntos altos en el mismo punto

⋀ = 2 puntos altos en el mismo punto

1 Realizar dos círculos siguiendo el esquema de la página anterior. Superponer los dos círculos obtenidos de tal modo que coincidan los motivos. Unirlos trabajando en punto bajo, tomando ambos arcos de cada círculo: dejar alrededor de 20 cm libres, los cuales servirán como abertura del bolso.

2 Del forro, cortar 4 círculos de la medida del bolso añadiendo 1 cm más de margen para las costuras. Coser los círculos de a dos, dejando 5/6 cm libres. De la tela rígida, cortar 2 círculos de la misma medida, luego insertar cada círculo en el interior de los círculos dobles de forro y coser la abertura. Coser los dos círculos que componen el forro.

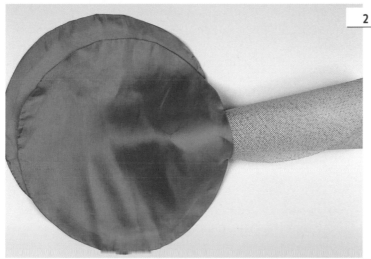

3 Insertar el forro en el interior del bolso y, con puntos ocultos, cerrarlo. Para las tiras, cortar de la cinta de raso 4 segmentos de 130 cm cada uno, engancharlos a un lado de la abertura de un círculo del bolso y hacer un nudo, dejando unos 20 cm libres, como fleco. Repetir la operación también a los lados de la abertura del otro círculo del bolso.

Cinturón sixties

MATERIALES

- 50 g de hilo de algodón fucsia
- 16 aros de plástico blanco de 3 cm Ø
- 1 ganchillo n.º 3
- 8 margaritas
- 7 cuentas de vidrio rosa
- 3 m de cordel fucsia
- Tijeras

1 Para la rosa, realizar una cadeneta de 8 puntos, cerrar en forma de anillo con 1 punto falso y, en el círculo obtenido, continuar como se explica a continuación:

1.ª vuelta: 16 p. bajos

2.ª vuelta: * 1 p. bajo, 3 cad., saltear 1 p. de base *, rep. de * a * durante otras 7 vueltas y trabajar 1 p. falso en el p. bajo inicial.

3.ª vuelta: en cada arco de la vuelta anterior, trabajar 1 p. alto, 1 p. alto y 1 pico (= 3 cad., 1 p. falso en la 1.ª cad.) por otras 4 veces, 1 p. alto.

4.ª vuelta: enganchar a la izquierda del trabajo en el p. bajo salteado en la 2.ª vuelta y trabajar * 1 p. bajo, 3 cad. *, rep. de * a * otras 7 veces y trabajar 1 p. falso en el p. bajo inicial.

5.ª vuelta: * 1 p. bajo en el p. bajo de la vuelta anterior, 2 cad., en el arco de 3 cad. trabajar 1 p. alto, 1 pico, 1 p. alto, 1 pico de 6 cad., 1 p. alto, 1 pico, 2 cad. *, rep. de * a * y trabajar 1 p. falso en el p. bajo inicial. Realizar así otras 7 rosas.

2 Tomar un aro y, con el hilo de algodón fucsia y el ganchillo, cubrirlo completamente realizando 48 p. bajos; cerrar la vuelta con 1 p. falso. Cortar el hilo dejando alrededor de 20 cm de hilo. Cubrir todos los aros de plástico del mismo modo.

Para el cinturón, insertar el ganchillo en 1 p. de uno de los pétalos de la rosa y, con un hilo nuevo, extraer 1 p., trabajar 3 cad., insertar el ganchillo en 1 p. de uno de los aros cubiertos y trabajar 1 p. bajo; realizar ahora 3 cad. y trabajar 1. p. falso en el p. inicial del pétalo. Cortar y fijar el hilo y deslizarlo entre los puntos. Con los hilos dejados anteriormente, coser al aro unido a la rosa otro aro y esconder los hilos que no se utilicen entre los p. y fijarlos. Continuar trabajando el cinturón alternando 2 aros por cada rosa. Para decorar el cinturón, cortar 20 cm de cordel fucsia, doblarlo a la mitad entre dos aros y hacer un nudo. En un hilo, enhebrar una cuenta rosa, colocarla cerca del nudo y realizar un nudo de bloqueo. Del mismo modo, colocar las otras 6 cuentas, disponiéndolas a gusto.

MATERIALES Cinturón de aros rojos

- 22 aros de plástico blanco de 3 cm Ø
- 50 g de hilo de algodón rojo
- Ganchillo n.º 3
- 1 aguja de lana
- 3 m de cordón matizado
- Tijeras

1 Cubrir todos los aros con el hilo de algodón rojo, utilizando el ganchillo n.º 3 y elaborando 48 p. bajos; al final, cerrar la vuelta con 1 p. falso. Ocultar 1 de los 2 hilos y cortar el excedente. No cortar el otro hilo.

2 Realizar el cinturón con los aros cubiertos: coser los aros utilizando 1 de los 2 hilos remanentes, ajustar los hilos y ocultarlos entre los puntos. Con el cordón matizado, realizar un "fleco" plegándolo sobre sí mismo 6 veces, luego pasarlo por un aro y hacer un nudo: el extremo le servirá para realizar el cierre.

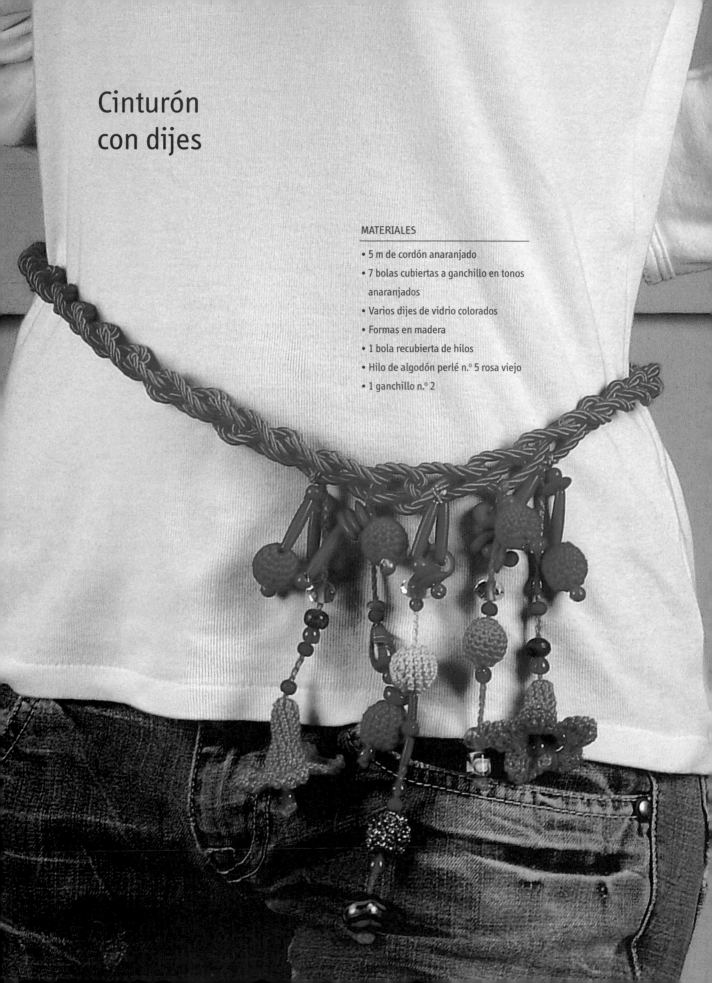

Cinturón
con dijes

MATERIALES

- 5 m de cordón anaranjado
- 7 bolas cubiertas a ganchillo en tonos anaranjados
- Varios dijes de vidrio colorados
- Formas en madera
- 1 bola recubierta de hilos
- Hilo de algodón perlé n.º 5 rosa viejo
- 1 ganchillo n.º 2

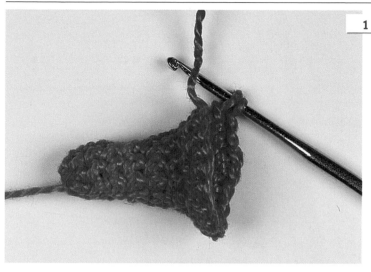

1 Con el ganchillo n.º 2 y el hilo de algodón rosa viejo realizar una cad. de 5 p., cerrar en forma de anillo con 1 p. falso y en el círculo obtenido realizar 5 p. bajos. Trabajar del mismo modo la 2.ª y 3.ª vueltas. En la 4.ª y la 5.ª vueltas, efectuar 3 aumentos en cada vuelta. De la 6.ª a la 9.ª vueltas, trabajar en p. bajo aumentando regularmente los p. a fin de obtener 30 p. finales: se formará un cáliz.

2 Elaborar ahora * 1 p. bajo, 5 cad., salt. 5 p. bajo de base *, rep. de * a * 4 veces, 1 p. bajo. En el arco sig., realizar * 1 p. bajo, 1 p. medio alto, 1 p. alto, 1 p. alto doble, 1 pico (= 3 cad., 1 p. falso en la 1.ª cad.), 2 p. altos, 1 p. medio alto, 1 p. bajo *, rep. de * a * 4 veces más. Fijar el hilo. Realizar 1 cad. de 15 cm e insertarla en la campanita. Realizar otra campanita.

3 Para el cinturón, trabajar con el cordón una cadeneta de alrededor de 90 cm y bloquear el extremo con un nudo. Inspirándose en la fotografía, crear los pendientes con todos los adornos: bolas cubiertas y en madera, campanitas y dijes de vidrio. Añadirlos en grupo al cinturón, a unos 30 cm del inicio.

Bolso CHIC

MATERIALES

- 200 g de hilo de algodón color crudo
- 50 g de hilo de algodón blanco
- Ganchillo n.º 3 ¹/₂
- 40 cm de forro a juego
- Aguja para lana
- Tijeras

1 Realizar con el hilo de algodón color crudo una cad. de 50 p., voltear el trabajo y realizar 49 p. bajos. Continuar en p. bajo por otras 6 vueltas. Una vez finalizada la 7.ª vuelta, comenzar 8 cad. En la 8.ª vuelta, trabajar en p. bajo también en las cad. realizadas.

2 Terminada la vuelta, comenzar 8 cad. y continuar en todos los p. por 16 vueltas a p. bajo. Para la decoración central del bolso, trabajar 3 vueltas según se explica a continuación: 1 p. bajo, 2 cad., * salt. 1 p. de base, 1 p. bajo *, rep. de * a * por toda la vuelta. En la 2.ª vuelta, intercambiar las posiciones de los arcos. Proseguir luego a p. bajo otras 16 vueltas y fijar el hilo: habrá obtenido uno de los paneles del bolso. Retomar los p. en la base del panel obtenido y realizar del mismo modo el otro panel.

3 Para la base del bolso, coser los p. aumentados en las primeras 7 vueltas a p. bajo. Realizar las costuras laterales del bolso con el ganchillo en p. bajo, tomando ambos paneles. Por último, fijar bien los hilos.

4 Con el hilo de algodón blanco, redondear la abertura realizando 1 vuelta en p. bajo, luego, para el cierre final, elaborar * 1 p. bajo, en el p. bajo siguiente realizar 3 p. bajos, 1 p. bajo *, rep. siempre de * a *.

5 Para la correa, realizar con el hilo de algodón color crudo una cad. de 180 p. y trabajar 2 vueltas en p. bajo. Realizar el acabado de los márgenes haciendo una vuelta con el hilo de algodón blanco según se explica: * 1 p. bajo, 1 pico de 1 cad., 1 p. bajo, 1 cad. *, rep. de * a * por toda la vuelta y terminar con 1 p. falso. Realizar otra correa igual y coserlas con pequeños puntos ocultos al centro de los paneles.

FLORES PEQUEÑAS

6 Con el hilo de algodón color crudo realizar una cad. de 5 p., cerrarla en forma de anillo y realizar en el círculo * 1 p. bajo, 2 cad. *, rep. de * a * 8 veces y cerrar con 1 p. falso. Fijar el hilo y dejar 50 cm. Realizar con el hilo de algodón blanco 2 p. altos en cada arc. de cad. y con el color crudo 1 vuelta de pico (= 3 cad., 1 p. falso en la 1.ª cad.) Hacer una cad. de 10 cm con los 50 cm de hilo restantes.

FLORES GRANDES

7 Con el hilo de algodón blanco, realizar una cad. de 5 p., volt. el trabajo y en estos p. realizar 5 p. altos (para el 1.er p., realizar 3 cad.), volt. el trabajo y trabajar 2 p. altos en cada p. alto de la vuelta ant. Volt. el trabajo y hacer en cada p. alto 3 p. altos. Al término de la vuelta, volt. el trabajo y en cada p. alto de la vuelta anterior realizar 2 p. altos. Volt. el trabajo y realizar 3 p. altos en cada p. alto. Realizar una vuelta de picos al final del trabajo con el color crudo, doblar sobre sí misma la flor obtenida y fijarla a la base con puntos ocultos. Realizar el número deseado de flores pequeñas y grandes y aplicarlas al bolso en una composición armoniosa.

Triunfo de flores

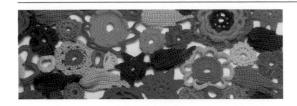

MATERIALES

• 350 g de lana natural en varios colores
• Ganchillo n.º 3
• 1 aguja para lana
• Tijeras

Realizar una cad. de 10 p., cerrarla en forma de anillo con 1 p. falso y trabajar en el círculo obtenido según se explica a continuación:

1.ª vuelta: 1 cad., 19 p. bajos y cerrar ésta y todas las vueltas siguientes con 1 p. falso.

2.ª vuelta: en p. bajo distribuyendo de modo regular 6 aumentos (= 25 p.).

3.ª, 4.ª y 5.ª vueltas: en p. bajo distribuyendo de modo regular 5 aumentos (= 40 p.).

6.ª vuelta: 1 p. bajo, 10 cad., *saltear 5 p. de base, 1 p. bajo, 10 cad. *, rep. de * a * durante toda la vuelta (= 8 arc.).

7.ª vuelta: Realizar en los arc. 17 p. bajos. Al término del trabajo, fijar el hilo entre los p. y hacer 5 flores con diversos colores.

○ = cadeneta
⌒ = punto falso
✕ = punto bajo

x 5

Realizar una cad. de 6 p., cerrar en forma de anillo con 1 p. falso y trabajar en el círculo obtenido según se explica a continuación:

1.ª vuelta: 6 cad. * 1 p. alto, 3 cad. *, rep. de * a * por toda la vuelta y cerrar con 1 p. falso.

2.ª vuelta: en cada arc. trabajar 1 p. bajo, 1 p. medio alto, 1 p. alto, 1 p. medio alto, 1 p. bajo (= pétalo).

3.ª vuelta: *5 cad., 1 p. bajo en el 2.º p. bajo del pétalo subyacente *, rep. de * a * y en cada arc. trab. 1 p. bajo, 1 p. medio alto, 2 p. altos, 1 p. medio alto, 1 p. bajo.

4.ª vuelta: * 7 cad., 1 p. bajo en el 2.º p. bajo del pétalo suby. *, rep. de * a * y hacer en cada arc. 1 p. bajo, 1 p. medio alto, 3 p. altos, 1 p. medio alto, 1 p. bajo.

5.ª vuelta: *9 cad., 1 p. bajo en el 2.º p. bajo del pétalo suby. *, rep. de * a * y trabajar en cada arc. 1 p. bajo, 1 p. medio alto, 2 p. altos, 1 p. alto doble, 2 p. altos, 1 p. medio alto y 1 p. bajo. Hacer 5 flores con diversos colores.

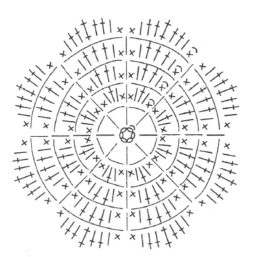

| = p. medio alto   ┼ = p. alto   ‡ = p. alto doble
✕ = punto bajo
⌒ = punto falso   ○ = cadeneta

x 5

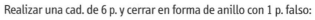

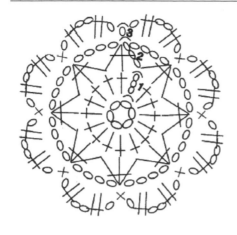

Realizar una cad. de 6 p. y cerrar en forma de anillo con 1 p. falso:

1.ª vuelta: 3 cad., 15 p. altos y cerrar todas las vueltas con 1 p. falso.

2.ª vuelta: 3 cad., 2 p. altos cerrados juntos, 4 cad., * 3 p. altos cerrados juntos, 4 cad. *, rep. siempre de * a *.

3.ª vuelta: 1 cad. * 1 cad. en el arc. 2 p. altos, 2 cad. y 2 p. altos, 1 cad., 1 p. bajo, en los p. cerrados juntos *, cerrar con 1 p. falso. Realizar 2 flores con colores diferentes.

○ = cadeneta

⌢ = punto falso

✕ = punto bajo

⋔ = 3 puntos altos cerrados juntos

† = punto alto

x 2

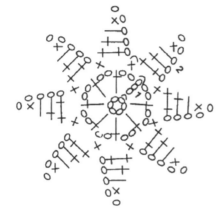

Realizar una cad. de 6 p. y cerrar en forma de anillo con 1 p. falso:

1.ª vuelta: 5 cad., * 1 p. alto, 2 cad.*, rep. de * a * durante toda la vuelta y cerrar todas las vueltas con 1 p. falso.

2.ª vuelta: * 5 cad., girar el trabajo para formar la punta, 1 p. bajo, 1 p. alto, 1 p. alto, 1 p. alto doble, 1 p. bajo *, rep. de * a * por toda la vuelta. Hacer 5 flores con diferentes colores.

○ = cadeneta

⌢ = punto falso

✕ = punto bajo

| = p. medio alto   † = p. alto   ‡ = p. alto doble

x 5

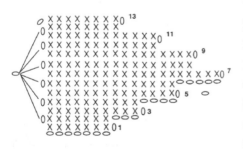

x 25

X = punto bajo

○ = cadeneta

⋀ = 6 puntos bajos cerrados juntos

Realizar una cad. de 7 p. y trabajar como se indica a continuación:

1.ª vuelta: 1 cad., 7 p. bajos.

2.ª vuelta: 1 cad., 7 p. bajos, 3 cad.

3.ª vuelta: 1 cad., 10 p. bajos de los cuales los primeros 3 en las primeras 3 cad.

4.ª vuelta: 1 cad., 10 p. bajos, 4 cad.

5.ª vuelta: 1 cad., 14 p. bajos de los cuales los primeros 4 en las primeras 4 cad.

6.ª vuelta: 1 cad., 14 p. bajos, 5 cad.

7.ª vuelta: 1 cad., 19 p. bajos (los primeros 5 p. en las primeras 5 cad.).

8.ª y 9.ª vueltas: 1 cad., 16 p. bajos.

10.ª y 11.ª vueltas: 1 cad., 12 p. bajos.

12.ª y 13.ª vueltas: 1 cad., 8 p. bajos, realizar 1 cad., 1 p. bajo sin cerrar en cada cad. lateral; cerrar los puntos. Hacer 25.

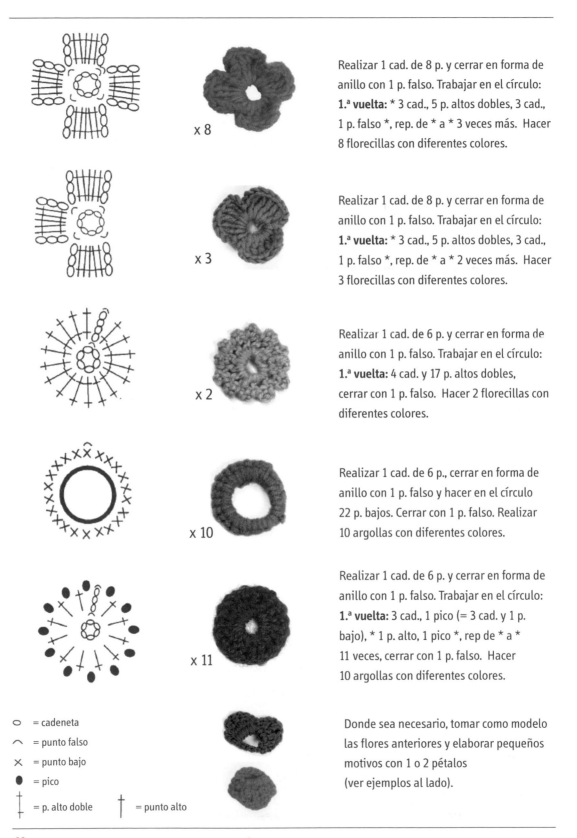

Realizar 1 cad. de 8 p. y cerrar en forma de anillo con 1 p. falso. Trabajar en el círculo:
1.ª vuelta: * 3 cad., 5 p. altos dobles, 3 cad., 1 p. falso *, rep. de * a * 3 veces más. Hacer 8 florecillas con diferentes colores.

x 8

Realizar 1 cad. de 8 p. y cerrar en forma de anillo con 1 p. falso. Trabajar en el círculo:
1.ª vuelta: * 3 cad., 5 p. altos dobles, 3 cad., 1 p. falso *, rep. de * a * 2 veces más. Hacer 3 florecillas con diferentes colores.

x 3

Realizar 1 cad. de 6 p. y cerrar en forma de anillo con 1 p. falso. Trabajar en el círculo:
1.ª vuelta: 4 cad. y 17 p. altos dobles, cerrar con 1 p. falso. Hacer 2 florecillas con diferentes colores.

x 2

Realizar 1 cad. de 6 p., cerrar en forma de anillo con 1 p. falso y hacer en el círculo 22 p. bajos. Cerrar con 1 p. falso. Realizar 10 argollas con diferentes colores.

x 10

Realizar 1 cad. de 6 p. y cerrar en forma de anillo con 1 p. falso. Trabajar en el círculo:
1.ª vuelta: 3 cad., 1 pico (= 3 cad. y 1 p. bajo), * 1 p. alto, 1 pico *, rep de * a * 11 veces, cerrar con 1 p. falso. Hacer 10 argollas con diferentes colores.

x 11

Donde sea necesario, tomar como modelo las flores anteriores y elaborar pequeños motivos con 1 o 2 pétalos (ver ejemplos al lado).

○ = cadeneta
⌒ = punto falso
✕ = punto bajo
● = pico
╪ = p. alto doble   † = punto alto

1 Terminar todas las flores, las hojas y las argollas inspirándose en la fotografía, confeccionar la estola cosiendo entre sí varios componentes. Coser con pequeños puntos ocultos, pasar el hilo por el reverso del trabajo y cortar el excedente.

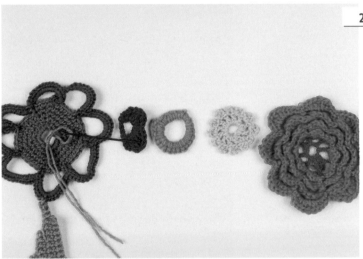

2 Comenzar creando las filas de motivos y unirlas luego entre sí con pequeños puntos ocultos. Fijar los hilos siempre del reverso del trabajo y cortar el excedente.

3 Completar los posibles espacios vacíos que se formen de unir las filas colocando los motivos más pequeños. Distribuir de modo armonioso estos motivos.

Bolso corola

MATERIALES

- 100 g de hilo de seda azul
- 1 ganchillo n.º 3 ½
- 1 aguja de coser
- 20 cm de forro al tono
- Hilo de coser

1 Realizar 1 cad. de 5 p., cerrar en forma de anillo con 1 p. falso y trabajar el círculo obtenido:

1.ª vuelta: 1 cad., * 2 p. bajos, 3 cad. *, rep. de * a * otras 4 veces y cerrar con 1 p. falso (= base de la flor).

2.ª vuelta: elaborar en cada arc. 1 p. bajo, 2 cad., 3 p. altos, 2 cad., 1 p. bajo (= pétalo).

3.ª vuelta: 1 cad., * 1 p. bajo en el 1.er p. bajo del pétalo suby., 4 cad., 1 p. bajo en el 2.º p. bajo del pétalo suby., 4 cad. *, rep. otras 4 veces y cerrar con 1 p. falso.

4.ª vuelta: realizar en cada arc. 5 p. bajos.

5.ª, 7.ª, 9.ª, 11.ª y 13.ª vueltas: iguales a la 3.ª vuelta, aumentando en cada vuelta 1 arc.

6.ª, 8.ª, 10.ª y 12.ª vueltas: como la 4.ª vuelta, aumentando en cada vuelta de 1 p. alto el grupo de p. altos que forman los pétalos. Cortar el hilo: así se obtiene el 1.er panel del bolso.

2 Realizar el otro panel del mismo modo, superponerlos y, con el ganchillo a p. bajo, coser varios pétalos juntos, dejando una apertura de unos 12 cm. Ajustar bien los hilos.

3 Para la correa, realizar una cad. de unos 100 cm y trabajar 2 vueltas en p. bajo. Coser la correa a la parte interna del bolso. Confeccionar el forro a medida, ubicarlo en la parte interior del bolso y coserlo con pequeños puntos ocultos.

Biquini sorbete

MATERIALES

- Hilo del algodón
- 100 g turquesa
- 50 g fucsia
- 50 g verde manzana
- 1 ganchillo del n.º 3 para hilo de algodón.

PARTE TRASERA DE LA BRAGA:
Realizar con turquesa una cad. de 11 p. y, en la 2.ª cad. del ganch., realizar 1 p. bajo en cada una de las 10 cad. siguientes. Continuar trabajando en p. bajo aumentando los lados, en la parte interna de 1 p., 1 p. cada 3 vueltas 7 veces y cada 2 líneas 14 veces. A 22 cm de altura total, unas 53 vueltas, suspender el trabajo a los 53 p. obtenidos.

PARTE DELANTERA DE LA BRAGA:
Girar el trabajo, enganchar el ganchillo en 1 p. de la 1.ª vuelta y fijar el hilo con 1 p. falso. Realizar 1 cad. y 1 p. bajo en cada uno de los 10 p. sig. Continuar con p. bajo y, a 5 cm del inicio de la parte delantera, unas 12 líneas, aumentar a los lados, al interior de 1 p., 1 p., después * 1 p. cada 3 vueltas, 1 p. cada 2 vueltas *, rep. de * a * 6 veces. A 20 cm de la parte delantera, unas 48 vueltas, rotar el trabajo y a lo largo de la línea del cavado realizar 1 vuelta en p. bajo y 1 vuelta en p. cangrejo. Rotar el trabajo y, en los p. de la última vuelta de la derecha, elaborar 1 vuelta según se indica a continuación:
** 2 p. bajos, 1 pico (= 3 cad., 1 p. falso en la 1.ª cad.) * 1 p. bajo., en el sig. p. realizar 1 p. bajo, 1 pico y 1 p. bajo *, rep. de * a * por toda la vuelta e incluso con p. bajo en el último p. **, rotar y realizar 1 vuelta en p. bajo y 1 vuelta en p. cangrejo a lo largo de la otra línea de cavado y en los p. de la última vuelta de la parte delantera rep. de ** a **. Cortar y ajustar el hilo.

TIRAS:
Realizar con el hilo turquesa una cad. de 110 cm y, comenzando en la 2.ª cad. del ganchillo, realizar 1 p. falso en cada una de las cad. sig.; cortar el hilo. Unir los lados con las tiras: pasar la tira por el vértice de la parte delantera, por el p. interno de la vuelta con punto cangrejo, y luego por el vértice correspondiente de la parte trasera.

COPA IZQUIERDA:

Hacer con el hilo turquesa una cad. de 14 p. y, comenzando por la 2.ª cad. del ganchillo, realizar 1 p. bajo en cada una de las 12 cad. Rotar el trabajo y, prosiguiendo a lo largo del otro lado de la cadeneta del inicio, elaborar 1 p. bajo en la base de cada uno de los 13 p. sig., luego, voltear. Continuar aún con p. bajo por 1 vuelta y después realizar *2 vueltas en fucsia, 2 en verde manzana, 2 en turquesa *, rep. de * a * dos veces. Al mismo tiempo, aumentar al centro 2 p. en cada vuelta 14 veces (trab. 3 p. bajos en el p. central de los 3 trab. en el mismo p. de la vuelta subyacente). Cortar el hilo.

COPA DERECHA:

Trabajar como la copa izquierda.

Enganchar el ganchillo en la base del lado derecho de la copa izquierda, fijar el hilo turquesa con 1 p. falso y, siempre en el p. suby., trab. 1 p. bajo, 1 pico y 1 p. bajo, * 1 p. bajo en el p. sig., en el p. sig. trab. 1 p. bajo, 1 pico y 1 p. bajo *, rep. de * a * por toda la vuelta. No cortar el hilo y, prosiguiendo a lo largo de los p. de la última vuelta de la copa derecha, trab. en el 1.er p. 1 p. bajo, 1 pico y 1 p. bajo, rep. de * a * por toda la vuelta. Luego, trab. 1 cad. de 60 cm y, en la 2.ª cad. del ganchillo, trab. 1 p. falso en cada cad. sig. Continuar con p. bajo a lo largo de la base de la copa derecha, trab. 1 p. bajo en el punto de unión de las dos copas y después a lo largo de la base de la copa izquierda. Trabajar en el vértice una cadeneta de 60 cm, voltear y trab. con p. falso como la tira anterior. Completar la base de las copas con 1 vuelta en punto cangrejo. Cortar y fijar el hilo.

CORDONES:

Con el hilo turquesa, realizar 2 cordones según lo indicado para las tiras de las braguitas. Pasar los cordones por la mitad en el p. respectivo del vértice superior de una de las copas, en la parte interior de la vuelta de acabado: con una extremidad del cordón, entrar por la derecha del p. y salir por la izquierda.

Mosaico de primavera

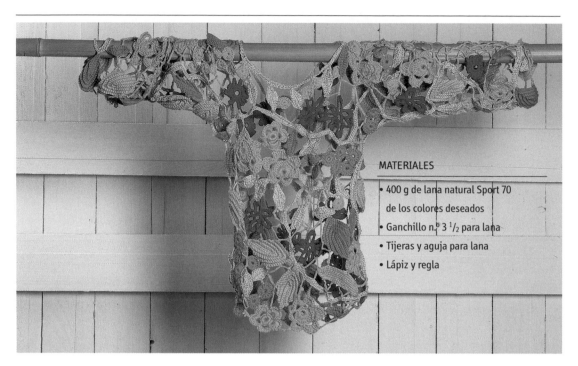

MATERIALES

- 400 g de lana natural Sport 70 de los colores deseados
- Ganchillo n.º 3 ¹/₂ para lana
- Tijeras y aguja para lana
- Lápiz y regla

ROSA ASIMÉTRICA

x 14

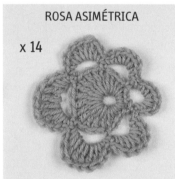

Rodear un lápiz 6 veces con el hilo rosa viejo y, en el anillo obtenido, trab. según se explica a continuación:

1.ª vuelta: 3 p. bajos, 2 p. medios altos, 3 p. altos, 10 p. altos dobles, 3 p. altos, 2 p. medios altos y 1 p. bajo; cerrar esta y todas las vueltas siguientes con 1 p. falso en el 1.ᵉʳ p. del inicio de la vuelta.

2.ª vuelta: * 1 p. bajo, 5 cad., salt. 3 p. *, rep. de * a * 3 veces, ** 1 p. bajo, 6 cad., salt. 3 p. **, rep. de ** a ** una vez más.

3.ª vuelta: * en el arc. sig. trab. 2 p. bajos, 5 p. medios altos y 2 p. bajo *; ** en el arc. sig. trab. 1 p. bajo, 1 p. medio alto., 5 p. altos, 1 p. medio alto y 1 p. bajo **, rep. de ** a ** 1 vez más; rep. de * a * 1 vez más, *** en el arc. sig. trab. 1 p. bajo, 1 p. medio alto, 1 p. alto, 5 p. altos dobles, 1 p. alto. 1 p. medio alto y 1 p. bajo ***, rep. de *** a *** una vez más. Cortar y ajustar el hilo. Hacer 14.

ROSA DE 5 PÉTALOS

x 8

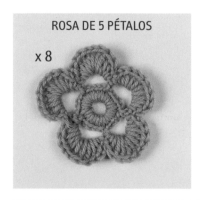

Rodear un lápiz 10 veces con el hilo rosa viejo y, en el anillo obtenido, trab. según se explica a continuación:

1.ª vuelta: 25 p. bajos y cerrar la vuelta con 1 p. falso en el 1.ᵉʳ p. bajo.

2.ª vuelta: * 1 p. bajo, 7 cad., salt. 4 p. bajos *, rep. de * a * otras 4 veces y cerrar la vuelta con 1 p. falso en el 1.ᵉʳ p. bajo.

3.ª vuelta: en el arc. trab. 1 p. bajo, 1 p. medio alto, 8 p. altos, 1 p. medio alto y 1 p. bajo. Cortar y ajustar el hilo. Hacer 8.

ESPIGA DE UNIÓN

Comenzar con el hilo beige una cad. muy larga y trab. alternando los p. bajos con p. medios altos, p. altos, p. altos dobles y hasta p. altos triples, a fin de obtener una tira de altura variable.

MARGARITA DE 12 PÉTALOS

x 7

Rodear un lápiz 5 veces con el hilo de color burdeos y, en el anillo obtenido, trab. según se explica a continuación:

1.ª vuelta: 24 p. bajos y cerrar todas las vueltas con 1 p. falso en el 1.er p. bajo.

2.ª vuelta: * 9 cad., en cada uno de los 2 p. bajos sig. trab. 1 p. bajo *, rep. de * a * 11 veces más. Cortar y ajustar el hilo. Hacer 7.

MARGARITA DE 7 PÉTALOS

x 4

Rodear un lápiz 5 veces con el hilo de color burdeos y, en el anillo obtenido, trab. según se explica a continuación:

1.ª vuelta: 14 p. bajos y cerrar la vuelta con 1 p. falso en el 1.er p. bajo.

2.ª vuelta: * 10 cad., en cada uno de los 2 p. bajos sig. trab. 1 p. bajo *, rep. de * a * 6 veces más.

3.ª vuelta: en cada arc. de 10 cad. trab. 4 p. bajos, 1 p. medio alto., 3 p. altos, 1 p. medio alto y 4 p. bajos. Cortar y ajustar el hilo. Hacer 4.

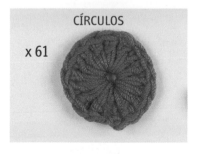

CÍRCULOS

x 61

Con el hilo naranja comenzar una cad. de 8 p., cerrar en forma de anillo con 1 p. falso y, en el círculo obtenido, trab. 3 cad. y 12 p. altos. Cerrar la vuelta con 1 p. falso en la 3.ª cadeneta del comienzo de la vuelta. Cortar y ajustar el hilo. Hacer 61.

HOJA VERDE MUSGO

x 2

1.ª vuelta: comenzar una cad. de 18 p. y, partiendo de la 2.ª cad. del ganchillo, trab. 1 p. bajo en cada una de las 16 cad. sig., 3 p. bajos en el p. presente en el vértice, proseguir luego del otro lado de la cad. del comienzo, trab. 16 p. bajos y 3 p. bajos en el p. del vértice.

2.ª y 3.ª vueltas: trabajar con p. bajo 1 p. en cada p. central del vértice. Cortar y ajustar el hilo. Hacer 2.

HOJA GRANDE

10 x verde musgo
6 x verde salvia

Comenzar una cad. de 16 p. y, partiendo de la 2.ª cad. del ganchillo, trab. 14 p. bajos y 3 p. en el mismo p. en la base de la hoja; del otro lado de la cad. del comienzo trab. 13 p. bajos. * Volt. y continuar con p. bajos, trab. 3 p. en el p. central de la hoja y omitir los últimos 2 p. *, rep. de * a * 7 veces. Cortar y ajustar el hilo. Hacer 10 verde musgo y 6 verde salvia.

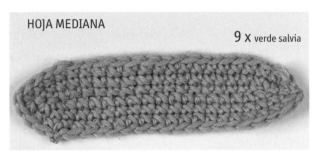

HOJA MEDIANA

9 x verde salvia

1.ª vuelta: comenzar una cad. de 13 p. y, partiendo de la 2.ª cad. del ganchillo, trab. 1 p. bajo, 2 p. medios altos, p. altos, 2 p. medios altos, 1 p. bajo, 3 p. bajos en el vértice; del otro lado de la cad. del comienzo trab. 1 p. bajo, 2 p. medios altos, 5 p. altos, 2 p. medios altos, 1 p. bajo y 3 p. bajos en el vértice.
2.ª vuelta: con p. bajo y 3 p. bajos en el p. central en el vértice. Cortar y ajustar el hilo. Hacer 9.

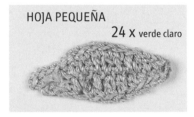

HOJA PEQUEÑA

24 x verde claro

1.ª vuelta: comenzar una cad. de 12 p. y, partiendo de la 2.ª cad. del ganchillo, trab. 1 p. bajo, 2 p. medios altos, 4 p. altos, 2 p. medios altos y 1 p. bajo, 3 p. bajos en el vértice; del otro lado de la cad. del comienzo, trab. 1 p. bajo, 2 p. medios altos, 4 p. altos, 2 p. medios altos y 1 p. bajos, 3 p. bajo en el vértice. Cortar y ajustar el hilo. Hacer 24.

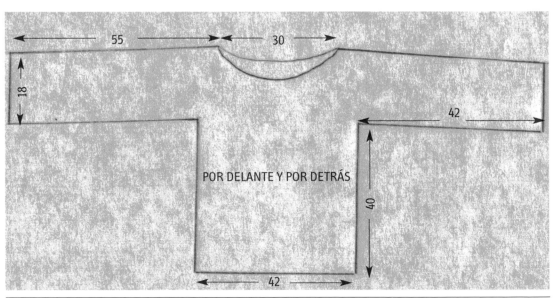

POR DELANTE Y POR DETRÁS

55   30   18   42   40   42

1 Transferir el patrón con las medidas en tamaño natural trazándolo en el papel para patrones. Confeccionar primero el frente: colocar la espiga en espiral e, inspirándose en la foto, colocar los diversos componentes a fin de crear la trama, hilvanarlos después directamente sobre el papel y sobre la espiga.

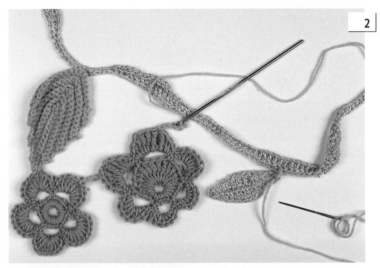

2 Coser las flores y las hojas entre sí uniéndolas con las cadenetas y con los puntos largos realizados con aguja. Confeccionar del mismo modo la parte de atrás.

3 Unir las partes trasera y delantera con cadenetas en zigzag, redondear luego el cuello elaborando una vuelta en punto bajo.

Gorros de verano

MATERIALES Gorro con punta

- 50 g de hilo de algodón en los tonos
  deseados
- 1 ganchillo n.º 3
- Tijeras
- Aguja para lana

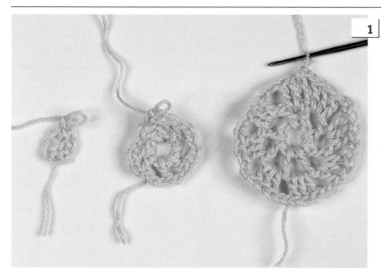

1 Comenzar con el hilo de algodón rosa 1 cad. de 8 p., cerrar en forma de anillo con 1 p. falso y elaborar en el círculo:

1.ª vuelta: 5 cad., * 1 p. alto, 2 cad. *, rep. * a * 6 veces más y cerrar con 1 p. falso.

2.ª vuelta: * elaborar en el arco de cad. 3 p. altos y 2 cad. *, rep. de * a * y cerrar con 1 p. falso. Fijar el hilo.

Continuar con el hilo de algodón rosa oscuro y trabajar según se explica a continuación:

3.ª vuelta: trabajar en cada arc. 2 p. altos, 2 cad. y 2 p. altos; cerrar con 1 p. falso.

4.ª vuelta: trabajar en cada arc. 4 p. altos, 2 cad. y 4 p. altos; cerrar con 1 p. falso. Fijar el hilo. Continuar cambiando el color en cada vuelta.

5.ª vuelta: comenzar el trabajo en zigzag. * Saltear el 1.ᵉʳ p. alto,

1 p. alto alargado (entrar con el ganchillo entre los p. altos de la vuelta anterior, extraer 1 p., alargar y cerrar el p. alto realizado en el 2.º p. del grupo, trabajar 2 p. altos y 2 p. altos en el arc. (= 5 p. altos), 3 cad., 2 p. altos en el arc., 1 p. alto en los 3 p.

siguientes *, rep. de * a * otras 7 veces; cerrar con 1 p. falso. Continuar aumentando 2 p. altos en cada arc. hasta obtener 12 p. altos a la derecha y a la izquierda de cada arco, trabajar luego 1 vuelta en p. bajo entre una punta y la otra.

2 Crear el abanico verde enganchándolos a la punta: insertar el ganchillo en el centro de una punta, trabajar 3 p. altos, volt. y, sobre éstos, realizar 1 p. alto, 2 cad., 1 p. alto, volt. y sobre estos puntos realizar 1 p. alto y 2 cad., hasta obtener 7 p. altos. Realizar en cada arco 3 p. altos. Fijar el hilo. Hacer un abanico en el centro de cada punta.

Al término, elaborar una nueva vuelta según se indica a continuación: * 4 p. altos dobles cerrados juntos, 5 cad. *, rep. de * a * otras 4 veces, 1 p. bajo en la parte superior de la punta. Realizar abanicos en todo el gorro. Trabajar 6 vueltas de arcos de p. alto, y alternar luego a gusto, por el borde del acabado, vueltas en p. alto y vueltas en p. bajo, mezclando varios colores.

Para el gorro con visera, ésta deberá realizarse con las sobras de hilo de algodón, proceder según se indicó para la parte central del gorro con punta (omitir la ejecución de las puntas y de los abanicos) y proseguir alternando vueltas en p. bajo y vueltas en p. alto, creando un abanico de colores.

Para el gorro de color amarillo, trabajar en círculo vueltas de abanicos en punto alto, separadas por cadenetas. Aumentar poco a poco la elaboración de los abanicos hasta obtener la medida deseada y alternar las tonalidades de amarillo a gusto.

Rosas y flores bajo el sol

MATERIALES Sombrero de flores

• Hilo de algodón en diversos colores

• Ganchillo n.º 3

• 1 aguja para lana

• Tijeras

El sombrero se compone de flores de 5 pétalos en diversos colores, elaboradas por separado y unidas con puntos ocultos con la aguja.
FLORES:

1 Realizar una cad. de 8 p., cerrarla en forma de anillo con 1 p. falso y trabajar en el círculo obtenido según se indica:
1.ª vuelta: 20 p. bajos y cerrar la vuelta con 1 p. falso.
2.ª vuelta: * 1 p. bajo, 4 cad., 2 p. altos triples, 4 cad., 1 p. bajo *, rep. de * a * otras 4 veces. Cortar el hilo. Hacer las flores necesarias para confeccionar el sombrero, alternando los colores a gusto.

2 Unir las flores con la aguja: partir del centro de la cúpula y alargar el motivo, a fin de crear la redondez necesaria. Con el color verde trabajar 2 vueltas en p. alto: en la 1.ª vuelta unir las flores de la cúpula con cad. y p. altos triples. En la última vuelta, enganchar los pétalos de las flores a la aleta.

3 Con el verde claro, realizar un borde de terminación: **1.ª vuelta:** * 1 p. alto, 2 cad. y 1 p. alto en el centro de 1 pétalo externo, 6 cad., 1 p. alto triple en el centro del pétalo siguiente, 7 cad. *, rep. de * a * por toda la vuelta y cerrar con 1 p. falso. **2.ª, 3.ª, 4.ª y 5.ª vueltas:** con p. bajo, alternando los colores según la foto. Terminar el sombrero con una vuelta a punto cangrejo en color turquesa.

MATERIALES Sombrero retro

- 50 g de hilo de algodón crudo
- Ganchillo n.º 2
- 1 aguja para lana
- Tijeras

1 Para la copa, comenzar 1 cad. de 6 p., cerrar en forma de anillo con 1 p. falso y, en el círculo, trabajar según se indica a continuación, considerando que el 1.er p. de la vuelta es sustituido por cad.:

1.ª vuelta: * 1 p. alto, 3 cad. *, rep. de * a * 8 veces y cerrar todas las vueltas con 1 p. falso.

2.ª vuelta: * 3 p. altos en el arc. de 3 cad., 3 cad. *, rep. de * a * otras 7 veces.

3.ª vuelta: en cada arc. trabajar 2 p. altos, 5 cad. y 2 p. altos.

4.ª vuelta: en el arc. elaborar 2 p. medios altos, 3 p. altos, 2 cad., 3 p. altos y 2 p. medios altos y 1 p. bajo en el punto de unión de los abanicos subyacentes.

5.ª vuelta: con los p. altos triples separados por 4 cad. trabajar 1 vuelta con cuadritos vacíos, distribuyendo los p. de modo regular.

6.ª vuelta: en cada arc. de 4 cad. trabajar 4 p. altos.

7.ª vuelta: con p. alto, aumentando de modo regular 9 p. en la vuelta.

8.ª vuelta: con p. alto.

9.ª vuelta: con p. alto, aumentando 12 p. de modo regular.

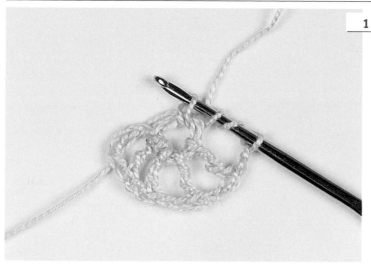

1 | **10.ª vuelta:** con p. alto.
11.ª, 13.ª y 15.ª vueltas: con p. alto, aumentando de modo regular en cada vuelta 15, 18 y 21 p.
12.ª, 14.ª y 16.ª vueltas: con p. alto. Elaborar para el borde del sombrero 9 rositas de Irlanda procediendo según se explica en las nociones básicas de la página 34.

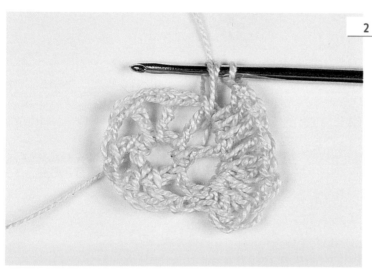

2 | Coser las rositas entre sí, enganchando los pétalos centrales. Unir el borde de las rositas al sombrero según se detalla: **1.ª vuelta:** 7 p. bajo, 1 p. bajo tomando la punta del pétalo, 7 p. bajos, 1 p. bajo tomando la punta del 2.º pétalo de la 1.ᵉʳᵃ rosita. De este modo, enganchar todas las rositas trabajando 1 p. bajo correspondiendo con dos pétalos de cada una.

3 | Para el borde de la terminación trabajar según se detalla: 1 p. bajo en el centro de uno de los pétalos libres de una de las rositas, * 7 cad., 1 p. bajo en el 2.º pétalo libre, 7 cad., 1 p. bajo en el centro del 1.ᵉʳ pétalo libre de la 2.ª rosita *, rep. de * a * por toda la vuelta y cerrar con 7 cad. y 1 p. falso (habrá enganchado todas las rositas). Continuar con p. bajo por 4 vueltas. Cortar, fijar los hilos y pasarlos por la labor.

Sombreros azules

MATERIALES

- 150 g de felpilla azul fantasía
- Ganchillo n.º 3,5
- Tijeras
- Aguja de coser

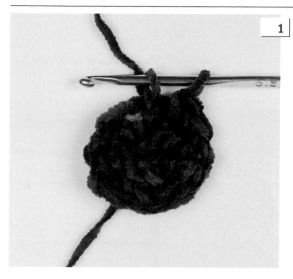

1 Comenzar con el ganchillo 1 cad. de 16 p., cerrar en forma de anillo con 1 p. falso y, en el círculo obtenido, trabajar:

1.ª vuelta: 10 p. bajos.

2.ª vuelta: con p. alto duplicando el número de p.

3.ª vuelta: en cada p. alto elaborar 1 p. alto, 1 cad. y cerrar la vuelta con 1 p. falso. Continuar con 1 p. alto y 1 cad. y distribuir los aumentos en varias vueltas hasta alcanzar una altura de 17 cm y un ancho de medio "sombrero" de unos 25 cm: probar a menudo la labor para verificar la medida; en caso de que fuera necesario, realizar más aumentos.

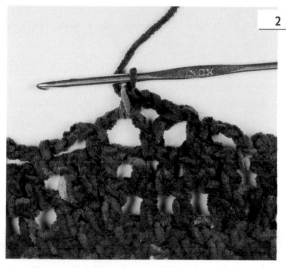

2 Alcanzada la medida deseada, trabajar el borde de terminación según se indica a continuación: 5 cad., 1 p. alto en la cad. subyacente, 2 cad., 1 p. alto en la cad. subyacente (saltear el p. alto), 2 cad., 2 p. altos en el mismo p., 2 cad., * 1 p. alto, 2 cad., 1 p. alto, 2 cad., 2 p. altos en el mismo p., 2 cad.*, rep. de * a * por toda la vuelta y cerrar siempre con un p. falso. Trabajar otra vuelta del mismo modo; luego, realizar 1 p. bajo en el arco de cad. subyacente, * 5 cad., saltear 2 p. altos, 1 p. bajo en el arco de cad. subyacente *, rep. de * a * por toda la vuelta. Por último, ajustar el hilo pasándolo por el reverso.

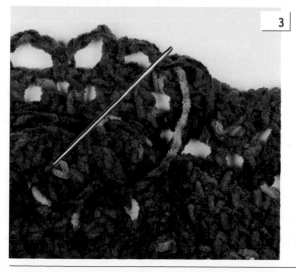

3 Procediendo según se ha descrito en las nociones básicas en la página 34, realizar una rosita de Irlanda partiendo de una cad. de 5 p. y trabajando 5 arcos de 2 cad. Para los pétalos, realizar 1 p. bajo, 1 cad., 2 p. altos, 1 cad. y 1 p. bajo. Para la 2.ª vuelta de pétalos trabajar primero arcos de 6 cad.; luego, para los pétalos, realizar 1 p. bajo, 1 cad., 6 p. altos, 1 cad. y 1 p bajo. Para la 3.ª vuelta de pétalos trabajar primero los arcos de 5 cad.; luego, para los pétalos, realizar 1 p. bajo, 8 p. altos y 1 p. bajo. Al final, ajustar el hilo. Fijar la rosita al "sombrero" con pequeños puntos ocultos.

Chaleco country

- 200 g de hilo de algodón crudo
- 100 g de rosa viejo
- 150 g de verde oliva
- 150 g color beige
- 1 ganchillo 3,5
- Tijeras

CUADROS

1 Con el 1.er color comenzar 1 cad. de 8 p., cerrar en forma de anillo con 1 p. falso y trabajar en el círculo obtenido * 3 p. altos, 3 cad., * rep. de * a * otras 3 veces; cerrar con 1 p. falso y ajustar el hilo. Con el 2.º color * trabajar en el arco 2 p. altos, 3 cad., 2 p. altos, 3 cad. *, rep. de * a * otras 3 veces, cerrar con 1 p. falso y ajustar el hilo. Con el 1.er color * trabajar en el arc. del ángulo 2 p. altos, 1 cad. y 2 p. altos, 3 cad., en el arc. de 3 cad. sig. trabajar 3 p. altos, 3 cad. *, rep. de * a * otras 3 veces y cerrar con 1 p. falso. Ajustar el hilo.

TRIÁNGULOS DE CONEXIÓN:

2 Con el 1.er color comenzar 1 cad. de 8 p., cerrar en forma de anillo con 1 p. falso y elaborar en el círculo 4 p. bajos, 8 cad., 3 p. altos, 4 cad., 3 p. altos, 8 cad. y 4 p. bajos, voltear. Con el 2.º color en el arc. de 8 cad. elaborar 1 p. bajo, 2 p. altos, 4 cad., en el arc. de 4 p. elaborar 2 p. altos, 4 cad. y 2 p. altos, 4 cad., en el arc. de 8 cad. elaborar 2 p. altos y 1 p. bajo, voltear. Con el 1.er color, en el arc.

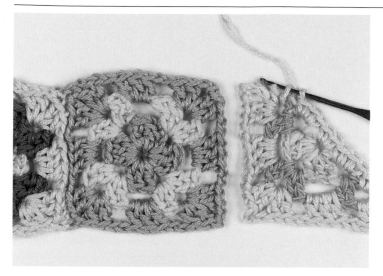

de 4 cad., elaborar 1 p. bajo y 2 p. altos, 3 cad., en el arc. de 4 cad. elaborar 2 p. altos, 1 cad., 2 p. altos, 3 cad., en el arc. de 4 cad. elaborar 2 p. altos y 1 p. bajo. Continuar del lado largo del triángulo realizando 21 p. bajos.

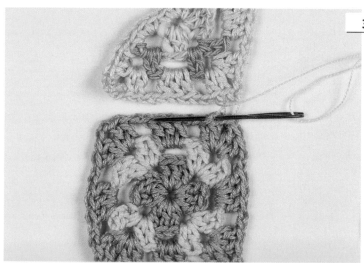

3 Coser un triángulo a un cuadrado con puntos ocultos por el reverso, luego ajustar el hilo. Coser del mismo modo otros 3 cuadrados: así habrá creado la 1.ª franja de la parte delantera. Alternando los colores, coser: 8 franjas de 7 cuadrados, 4 franjas de 2 cuadrados y dos triángulos, 1 franja de 2 cuadrados (mangas) y 4 franjas de 6 cuadrados.

4 Coser entre sí las franjas sólo en los ángulos según se explica a continuación: 1 franja de 3 cuadrados y 1 triángulo, 2 franjas de 7 cuadros, 1 franja de 1 triángulo y 2 cuadrados, 1 franja de 2 cuadros, 2 franjas de 7 cuadros y 1 franja de 6 cuadrados. Proceder del mismo modo para la otra mitad del chaleco.

OTROS TÍTULOS PUBLICADOS

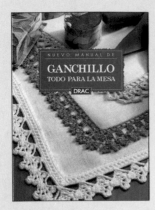

Más información sobre éstos y otros títulos en nuestra página web:
www.editorialeldrac.com